galata

LORENZO FANTINI

# ICH HABE MENGELE VERHAFTET

### Eine Geschichte

© 2024 Galata s.r.l. Genua, Italien
Alle Rechte vorbehalten. Kein Teil des Werkes darf in irgendeiner Form ohne schriftliche Genehmigung des Verlages reproduzioert oder unter Verwendung elektronischer Systeme verarbeitet, verfielfältigt oder verbreitet werden.

Übersetzung aus dem Italienischen: Fabrizio Càlzia
Lektorat: Wolfgang Lasinger
Umschlaggestaltung: Carlo Alberto Liga
Druck und Bindung: Universalbook s.r.l. Rende, Italien

Danksagung:
Der Verleger möchte sich bei folgenden Personen, die zum Erscheinen dieses Buches freundlich beigetragen haben, herzlich bedanken:
Florian L.Arnold, Dunja Bialas, Enrico Càlzia, Wolfgang Lasinger, Hans Werner Spieß, Uschi Zietsch

Diese Geschichte beruht zu einem guten Teil auf historische Begebenheiten, die jedoch einer literarischen Fiktion angepasst wurden.

ISBN 978-88-95368-91-4
Auch als E-book erhältlich

# Ich habe Mengele verhaftet

## 26. Mai 1949. Am Hafen Genuas

Die *North King* ist ein anspruchsloser Ozeandampfer der Lissaboner *Sociedade de Navegação Luso Panamense*. In Kürze wird sie Genua in Richtung Buenos Aires verlassen. Am Bord sind fast ausschließlich Auswanderer und Kriegsflüchtlinge.

Ein Passagier sperrt die Tür seiner Zweite-Klasse-Kabine hinter sich ab. Dann öffnet er eine schwarze Ledertasche. Daraus entnimmt er verschiedene Reagenzgläser, mehrere mit Blut- und Gewebeproben gefüllte Glaskolben, ein Mikroskop, ein Stethoskop, einige Dias, ein Kuvert mit Röntgenaufnahmen, ein Blutdruckmessgerät und ein vollgeschriebenes Notizheft.

Es ist alles da. Er macht die Tasche wieder zu, stellt die Schlosskombination ein und vergewissert sich, dass das Etikett unterhalb vom Griff gut befestigt ist:

*PREPARADOS HISTO-PATOLOGICOS*
*PARA UN ESTUDIANTE DE MEDICINA.*
*NO VALOR COMERCIAL.*
(Histopathologische Präparate für einen Medizinstudenten. Kein kommerzieller Wert.)

Sein italienischer Reisepass war vom Schweizer Roten Kreuz für den 38jährigen Helmut Gregor ausgestellt worden. Nach seinem Personalausweis Nummer 119/48 der Gemeinde Tramin wurde er in diesem südtiroler Ort am 6. August 1911 geboren und war dort als Mechaniker tätig. Laut seinem *permiso de libre desembarco,* das er von der DAIE (*Delegación Argentina de Inmigración en Europa*) erhalten hatte, wanderte er aus beruflichen Gründen nach Südamerika aus.

Nur noch ein einziger Mann steht zögerlich auf dem Anlegeplatz, unweit von der *North King.* Er starrt das Schiff an und vernimmt dabei das laute Dröhnen der anlaufenden Motoren.

Der Mann heißt Ennio. Er ist 40 Jahre alt:

*Hätte ich nur den Mut gehabt, jetzt noch an Bord zu steigen und mich zu erkennen zu geben. Notfalls hätte ich die Kabinentür mit Gewalt aufgebrochen, den Kerl rausgeholt und ihn an diejenigen übergeben, die nach menschlichem Anstand und Gerechtigkeit mit solchen Typen umzugehen wussten.*

*Es tröpfelte. Die Seilwinden hatten die noch übrigen Kisten voller Gepäck, Vorräte und sonstiger Waren in den Laderaum gehoben, das Schiff war vollgetankt, die Matrosen waren dabei, die Klappen zu schließen.*

*Ich musste mich nun entscheiden.*

*Doch in dem Moment vernahm ich, wie der Anker gelichtet wurde; die Schiffsschrauben wirbelten das Wasser auf. Ein Schlepper zog das Schiff vorsichtig vom Anlegeplatz weg, der Steuermann stieg über eine Strickleiter, die an der linken Seite des Schiffes hing, an Bord.*

*Die* North King *passierte gemächlich den Hafendamm und verschwand auf offener See.*

Ennio war mein Großvater.

# DIE ÜBERGABE

**1986**

Ennio rief mich an und bat mich, ihn in seiner Wohnung in der Salita Oregina, in einem höher gelegenen Teil der Stadt Genua, zu besuchen. Ich war damals zwanzig und sein einziges Enkelkind. Seine Frau, Oma Lina, war bereits vor einigen Jahren verstorben. Er empfing mich im Esszimmer bei offenem Fenster, von dort aus konnte ich den Hafen voll überblicken. Ennio stand neben einer Vitrine, in der er Schiffsmodelle, Fotos und Erinnerungsstücke aus seinen Überseefahrten quasi ausgestellt hatte. Er hatte schon mindestens ein paar Glas von seinem Lieblingswein, dem Dolcetto aus Ovada, getrunken. Er wirkte schlaff und gealtert.
Er wolle... Nein: er *musste*.
Er musste mir eine Geschichte erzählen.
»Kommt nicht in Frage«, erwiderte ich unfreundlich. »Jedenfalls nicht heute, tut mir Leid.«
Mit Sicherheit hätte er mich zum x-ten Mal mit einem seiner Seeabenteuer zugelabert, die mir schon als Kind zum Hals raushingen.
Ich hatte einen heftigen Streit mit meiner Freundin ge-

habt. Allein schon aus dem Grund war ich schlecht ansprechbar und dachte nur daran, so schnell wie möglich zu ihr zu laufen: Nur weit weg von dieser muffigen Wohnung, die nach Staub und Vergangenheit roch.

Ennio war kein Säufer, doch schien er mir an dem Nachmittag sichtlich angetrunken. Mit Mühe erreichte er den Sessel vor seinem Arbeitstisch, auf dem seine alte, noch unbenutzte Schreibmaschine stand.
Daneben häuften sich ein Stapel Blätter sowie Notizblöcke und Hefte mit kartoniertem Umschlag aus dem Schreibwarenladen Angeloni in der Vico Usodimare, wo er im Laufe der Zeit zum besten Kunden geworden war. Die Schwarz-Weiss-Fotos seiner Seefahrten hatte er in Alben und Ringbücher einsortiert und seitlich vom Tisch gelegt.

Er bot mir ein Glas Wein an. Ich lehnte kategorisch ab.
Er setzte dann ungestört mit einem feierlichen Ton fort, der sicher durch seinen Zustand bedingt war, andererseits auch von der dunklen Ahnung (ich kapierte es leider erst, als es zu spät dafür war), dass es seine letzte Möglichkeit war, mir über sich selbst zu erzählen.
Ich hörte ihm nicht richtig zu. In Gedanken war ich immer noch bei meiner Freundin, bei unserem Streit.

Sein leiernder Ton war vom Genueser Akzent eingefärbt. An die ersten Sätze, die er aussprach, erinnere ich mich nur zu gut: »Diese Geschichte überschreitet bei Weitem jede Phantasie. Die Hölle wirst du beim Zuhören erleben. Ich habe ihre Sachverhalte bis heute für mich behalten, doch hat sie mich von einem Tag zum anderen mehr und mehr erbittert; allzu lange habe ich sie in meinem feigen Herzen vergraben.«
Es klang mir alles zu feierlich, zu larmoyant. Hatte damals nicht genug Mitgefühl, um ein Gespür für die Bürde zu haben, die er loswerden wollte...
Ich wollte nur verschwinden. Er verstand es zum Schluss noch und stand resigniert auf. Er reichte mir das Heft mit dem blauen Umschlag und sagte dazu mit seiner tiefen Stimme, die mir heute noch so stark in den Ohren nachklingt: »Kein Romanschriftsteller, sei er noch so genial, hätte sich eine solche Kombination aus Abscheu, hellem Wahn, Klügelei, Irreführungen, Brutalität und Mord ausdenken können.«
»Ich lese deine Geschichte bestimmt noch. Das verspreche ich dir. Jetzt muss ich aber zu Simona.«
Ich konnte mit ihm offen sprechen. Ennio wusste, wie es um die Welt bestellt war, und ich wusste meinerseits, er hatte für meine Rastlosigkeit Verständnis.

Er begleitete mich zur Tür. Ich stürzte die Treppe hinunter. Erreichte meine Freundin und versöhnte mich problemlos mit ihr. Ich kann allerdings von Glück sprechen, dass ich in der Nacht Ennios Heft nicht verschlampt habe. Ennio starb ein knappes Jahr später. Auf seiner Beerdigung auf dem Friedhof Staglieno kam ich zu dem Schluss, seine Geschichte ebenfalls zu vergraben.

Erst ein paar Monate später tat ich das dann auch: Ich hinterlegte das Heft in einer Truhe in unserem Ferienhaus in Montebruno, in den Bergen des Trebbia-Tales, wo Ennio 1943 bis Ende des Zweiten Weltkrieges als Partisan gekämpft hatte. Ich vergaß bald seine Memoiren und verdrängte wohl auch den Gedanken, mich seinem vermeintlichen Tagebuch anzunähern.

Erst viele Jahre später kam ich doch dazu, seine Geschichte aus der Vergessenheit auszugraben.

## 2020. Im Familienhaus Montebruno, Trebbia-Tal

Als ich die Truhe aufschloss (es handelte sich um eine lederbezogene Reisekiste mit Messinggriffen und einem Etikett der *Navigazione Italia*), fiel mir als Erstes Ennios Heft auf. Nun wurde ich darauf neugierig: Ich beschloss, mir die notwendige Zeit zu nehmen, schenkte mir in aller Ruhe ein Glas Wein ein, setzte mich bequem auf die Couch und schlug das Notizbuch auf. Er hatte für seine Memoiren einen schwarzen Pelikan-Kugelschreiber verwendet:

*Auf den ersten Blick kam er mir wie ein* decent man *vor, so hätte ihn jedenfalls ein Amerikaner bezeichnet: Distanziert, eher ausdruckslos, banal angezogen; er verriet keinerlei Emotionen.*

Ich blätterte in die Seiten, tastete dabei das raue Papier an, das mich an Ennios Gesichtshaut erinnerte, die durch die Salzluft quasi verbrannt aussah.

Bei der Lektüre wurde mir nach und nach deutlich, warum er an dem Tag so aufdringlich war; er hatte seine Vergangenheit dermaßen erbarmungslos durchwühlt, als müsse er sein Gewissen unbedingt freisprechen, sich vor einem Meeresgott rechtfertigen:

*1946, unmittelbar nach dem Krieg, bekam ich eine Stelle bei der Hafenpolizei.*
*Durch eine eher fragwürdige Volksabstimmung war Italien nach über 20 Jahren faschistischer Monarchie zu einer demokratischen Republik geworden. Meine Frau konnte mich davon überzeugen, das Treiben auf hoher See, und somit die Familientradition meiner Vorfahren, aufzugeben, und mir eine Arbeit auf dem Festland zu suchen.*

*Nach 20 Jahren Ozeanfahrten, drei Jahren Krieg und zwei als Widerstandskämpfer, ließ ich mich von der Vorstellung verführen, endlich Wurzeln schlagen und ein »normales« Leben führen zu können; das hieß, ein Familienvater zu werden, der jeden Morgen in seinem Bett aufwacht, Kind und Frau einen Kuss gibt und zur Arbeit geht. Ich war mir sicher, ich hätte meine Pritschen in den muffigen Kabinen, in denen das dumpfe Motorgeräusch quasi als Wecker diente, keineswegs vermisst.*

*Dank meines Schulabschlusses auf dem sogenannten Seefahrtsgymnasium durfte ich mich bei der Hafenpolizei bewerben. Ich konnte auch vier Sprachen fließend und war auf allen Kontinenten gereist. Ich hatte dabei die Absicht, zur Einrichtung eines freien und aufrichtigen Landes beizutragen und mich um eine »bessere Welt« zu bemühen. Ich war als Einziger auf der Grenzstation in der Lage, englische Unterlagen zu überprüfen, kein anderer war ja mit der Sprache eines ehemaligen Erzfeindes vertraut.*

*Täglich kontrollierte ich sorgfältig alle Papiere, die Liste der Besatzungen und der Passagiere.*

*Vor meinem Eintritt bei der Hafenpolizei war ich, zunächst als Offizieranwärter auf der* Conte di Savoia *der*

Società di Navigazione Italia, *auf hoher See, später als zweiter Deckoffizier auf der* Conte Verde *der* Italia Flotte Riunite. *Ich bereiste fast ausschließlich Hafenstädte in den USA. In Manhattan fühlte ich mich wie zu Hause, manchmal landeten wir auch in San Francisco, in Seattle eher selten.*
*War nebenbei auch auf der Linie Suez-Bombay in Dienst. Dachte immer, mein damaliger Alltag wäre ein Buch wert. Was ich jedoch später auf dem Festland erleben musste, hat meine früheren Erinnerungen abrupt weggefegt.*

*Doch empfand ich mich damals als Weltbürger, beinahe als Staatenloser neben Passagieren aus allen Ländern, insbesondere aus Nordamerika. Dank meiner Bekanntschaften konnte ich das sogenannte Zeitalter des Jazz richtig miterleben: Ich war auch häufig unter Millionären, Abenteurern, Enterbten auf Cocktails.*
*Dann brach der Krieg aus und alle Kontakte zu den USA wurden abgebrochen.*

*Was sich danach abspielte, weiß leider jeder.*

*Während meiner ersten Monate auf der Polizeistation schickten mich meine Vorgesetzten nachts durch die Gassen der Altstadt; meine Aufgabe war es, jeden ver-*

*dächtigen Typen anzuhalten, eventuell zu durchsuchen und gegebenenfalls festzunehmen, der in Genua umherirrte und eigentlich nur darauf wartete, ein Schiff zu besteigen und seine Vergangenheit aus Krieg, Tod und Armut ein für allemal hinter sich zu lassen: Obdachlose aus ganz Europa gammelten in der Stadt rum.*
*Tagsüber war ich im Passkontrollbüro tätig, in meinem Herzen war ich allerdings immer noch ein Seemann. Die ganze Zeit an einem Schreibtisch zu hocken, das war für mich eine reine Quälerei. Mir gingen das Leben am Bord, die heftigen Winde, der weite Horizont, die Ruhetage in New York ab. Ich vermisste das Gefühl, ständig auf Reisen zu sein, nur weg von der verkommenen Menschheit auf dem Festland.*

*Mit dem Hafenpolizei-Team überprüften wir die Geltungsdauer der Auswanderungspapiere und stellten dann die Ausreisevisa aus. Es war ein öder Schreibtischjob: Wer nach New York oder Buenos Aires wollte, musste einen Reisepass mit einer Gültigkeitsdauer von über zwei Jahren und ein Einreisevisum für das Zielland vorlegen, dazu gegen Typhus, Malaria, Tuberkulose, Krätze und Läuse geimpft sein.*

Das Entziffern der verschnörkelten Handschrift meines Großvaters fiel mir so schwer, dass ich Augenbrennen

bekam und die Lektüre mehrmals unterbrechen musste. Nur mit Mühe schaffte ich es, den gesamten Text auf meinen Computer zu übertragen. Doch wurde ich anschließend vom Drang geradezu überwältigt, Ennios Memoiren auf ihren Wahrheitsgehalt hin zu überprüfen. Die Recherchen beschäftigten mich über Monate hinweg.
Ziemlich verblüfft war ich dabei erst recht, als ich im Internet auf einen im Oktober 1992 von Neal M. Sher, dem Direktor der Strafabteilung des OSI (*Office of Special Investigations*), verfassten Bericht stieß, den der Verfasser seinerzeit an den Generalstaatsanwalt des Justizministeriums der Vereinigten Staaten weitergeleitet hatte. Seine Dokumentation, die auf einer siebenjährigen Forschungsarbeit beruhte, rekonstruierte im Detail Helmut Gregors Identität und berichtete minuziös über seine Flucht nach Argentinien.

In dem OSI-Bericht war von einem weiteren, und zwar von Helmut Gregor selbst handgeschriebenen Tagebuch die Rede.

*Helmut Gregor devoted an entire ringed notebook to setting out an account of his escape from Europe. The title of this notebook, »Brenner/Genoa«.*
(Helmut Gregor benötigte ein ganzes Ringbuch, um

seine Flucht aus Europa zu beschreiben. Er gab seinen Aufzeichnungen den Titel »Brenner/Genua«

Ich hatte nun keinen Ausweg mehr. Eine unangenehme, kompromißlose Arbeit stand mir bevor. Doch zum Schluß war mir alles klar, ich konnte sogar die letzten sechs Tage, die Gregor vor dem Ablegen der North King in Genua verbrachte, genau rekonstruieren.

# DIE GENUESER TAGE
# DES HELMUT GREGOR

**20. Mai 1949. Nachmittag. Genua, Bahnhof Principe**
Helmut Gregor steigt aus einem Zug aus Mailand aus. In der linken Hand hält er eine schwarze Ledertasche fest. Hans hat ihn von Bozen nach Genua begleitet und ihm dabei US Dollars, italienische Lire, argentinische Pesos weitergereicht, außerdem noch einen Brief von seinem Vater Karl und ein Foto seiner Frau Irene mit dem kleinen Rolf; zum Schluss noch die Zugkarte nach Genua. Umsichtig machen sich Gregor und Hans den Weg durch das lumpige Gesindel auf dem Bahnsteig frei.
Gregor hat sein Tagebuch »Brenner/Genua« bei sich. Darin schreibt er über sich selbst in dritter Person unter dem Namen Andreas.

*Das Tagebuch wird Jahrzehnte später ans Licht kommen und 1985 von der Zeitschrift »Bunte« ausschnittsweise veröffentlicht. Es beschreibt darunter minuziös alle Geschehnisse, die dem mutmaßlichen Helmut Gregor in Genua widerfahren sind.*

Hans und Gregor geben sich große Mühe, sich ja nicht aus den Augen zu verlieren, während sie sich durch die Menschenflut schleichen: Angelehnt an eine urinbetränkte Säule ist eine Frau dabei, ihr Kind ohne jede Scheu zu stillen; Männer rauchen, kauen Lakritzestäbchen und spucken andauernd auf den Boden; Gregor fällt eine weitere, elegant gekleidete Frau auf; sie hat ihren Koffer einem Gepäckträger überlassen; Hans zieht ebenfalls Gregors Koffer an Hafen- und Werftarbeitern, Seeleuten, Soldaten, Stahlarbeitern vorbei, Migrantenfamilien schleifen ihre mit Seilen notbefestigten Kisten durch den Bahnhof; andere Männer stehen steif in ihren maßgeschneiderten Anzügen herum, mit Borsalino-Hüten, protzigen Ringen, goldenen Ketten mit Christuskreuz um den Hals und rauchen dabei kubanische Zigarren oder Lucky Strikes ohne Filter. Sie stinken nach Falschgeld und Verbrechen.

Gregor und Hans ahnen nicht im Geringsten, dass an diesem selben 20. Mai Franz Stangls Frau und Töchter den selben Bahnhof beschreiten. Sie sind auf dem Weg nach Santos in Brasilien, dort erwartet sie ihr Ehemann und Vater. Als Hauptsturmführer von Sobibor und Treblinka hat Stangl den Tod von 900.000 Menschen auf dem Gewissen.

Hans und Gregor erreichen das Bahnhofscafé, schauen sich unter den Tischen direkt vor dem Saal um. Ein

Mann verdeckt sein Gesicht hinter einer aufgeschlagenen Ausgabe von *Le Monde*.
Den suchen sie.
Er stellt sich auf Französisch als Kurt vor. Hans bittet darum, ihn Helmut Gregor seinerseits vorzustellen. Unmittelbar darauf verabschiedet er sich mit geradezu ehrerbietiger Haltung. Kurt zeigt sich ebenfalls respektvoll Gregor gegenüber. Doch verhält er sich eher als ihm gleichgestellt.
In seinem Tagebuch »Brenner/Genua« notiert Gregor über ihn:

*His actions and mannerisms suited his small round body. There was an industriousness in his walk as well as his speech. Perhaps he was preoccupied with getting through the ordeal in a hurry. Andreas didn't notice anxiety, but something like suppressed animosity. Kurt was reserved but always obliging.*

(Sein Verhalten und seine Manieren entsprechen seiner eher schmächtigen Figur. Sein Schritt sowie seine Ausdrucksweise deuten auf einen gewissen Eifer hin. Es war ihm wichtig, seine Aufgabe so rasch und sorgfältig wie möglich auszuführen. Andreas spürte keine Hast dabei, eher eine gewisse, unterdrückte Feindseligkeit ihm gegenüber.
Kurt wirkte zurückhaltend und doch stets hilfsbereit.)

Gregor stellt die schwarze Ledertasche unter den Tisch, verdeckt sie nonchalant mit einer Ecke des makellos weißen Tischtuchs.

Kurts Französisch hört sich fehlerfrei an, verrät allerdings einen unverkennbaren deutschen Akzent.

Die North King wird plangemäß am 25. Mai nach Buenos Aires ablegen. Allerdings... Kurt unterstreicht zunächst, dass es sich dabei um einen bescheidenen, aber anständigen Ozeandampfer handelt, kommen die Passagiere nicht gerade aus den besten Kreisen: Es sind alles Emigranten, hauptsächlich Italiener. Wegen des Anstiegs der Auswanderungsströme nach Kriegsende ist das Schiff voll ausgelastet. Gregor wird in unerwünschter Gesellschaft die vierwöchige Fahrt nach Buenos Aires verkraften müssen.

Kurt habe auch nur mit Mühe einen Platz auf dem Dampfer ergattert: »Ich war sogar gezwungen, eine Person aus den ›oberen Etagen‹ zu inkommodieren, damit ich überhaupt zu einer Karte kam, musste mich jedoch mit einem Sitzplatz auf Deck zufriedengeben.«

Anschließend flüstert er Gregor zu: »Wir müssen äußerst behutsam sein. Genua wimmelt nur von Kommunisten, das erinnert mich an 1919 bei uns in München, als die Bolschewiki aus allen Ecken und Kanten sprossen. Sogar ihr Bürgermeister, Gelasio Adamoli, gehört der Kommunistischen Partei an und war nach Mussolinis Sturz als Widerstandskämpfer im Einsatz.

Doch ist das längst noch nicht alles: Nachts sind angeblich auch Einheiten mutmaßlicher kommunistischer, Untergrundorganisationen unterwegs, die unseren Kameraden auf der Spur sind. Genauere Informationen über sie haben wir jedoch bisher nicht.«

Kurt betont erneut: »Es ist äußerste Aufmerksamkeit geboten.«

Er bezahlt anschließend die Rechnung und bittet Gregor mit angedeuteter Verbeugung, ihm zum Taxistand zu folgen.

Kurt übernimmt den bleischweren Koffer von Gregor, der jedoch darauf besteht, seine Ledertasche selbst zu tragen.

Kurt erinnert Gregor nochmal daran: »Im Taxi werden wir uns ausschließlich auf Französisch unterhalten. Und nur wenn es unbedingt sein muss.«

»Danke, ich hab's verstanden«, erwidert Gregor barsch.

Sie lassen sich zu der Via Ricci 3, in die Nähe des Bahnhofs Brignole, fahren.

**20 Mai. Abends. Wohnung in der Via Ricci 3.**
Kurt übergibt Gregor die 120.000 Lire (180 US-Dollar) teure Fahrkarte nach Buenos Aires. Er betont, dass die *North King* in genau fünf Tagen ablegt.

Es ist ihm dabei unangenehm, einem Vorgesetzten Anweisungen zu geben: »Wir müssen mit absoluter Präzision vorgehen. Wir werden morgen früh 7:30 Uhr beim Internationalen Roten Kreuz erwartet, da bekommen Sie Ihren internationalen Reisepass als Flüchtling. Das Rote Kreuz hat seinen Sitz im Schweizer Konsulat, wir unterhalten ausgezeichnete Beziehungen zu ihm und werden keineswegs auf Schwierigkeiten stoßen.«

Er notiert die Wohnungsadresse auf einem Zettel und übergibt ihn Gregor: »Ich gebe Ihnen den Schlüssel, damit sie sich frei bewegen können. Bleiben Sie jedoch bitte stets auf der Hut.«

**Aus dem Notizbuch »Brenner/Genua«**
*Kurt told Andreas exactly what he had to say in order to obtain the necessary papers:*
*»You want a Red Cross passport for immigration to Argentina because you, as a South Tyrolian, as a result of unresolved nationality, cannot receive either an Italian or a German passport. Your identity card, issued in*

*Termeno, serves as basis for your request. This will be done, because, according to its statutes, the Red Cross will help all people in need without extensive investigation«.*

(Kurt gab Andreas detaillierte Anweisungen, damit er die notwendigen Papiere erhält: »Sie möchten einen Rotkreuz-Pass für die Einwanderung nach Argentinien, weil Sie als Südtiroler kein Recht auf einen italienischen oder deutschen Pass haben. Ihr in Tramin ausgestellter Personalausweis dient jedoch als Grundlage für Ihre Anfrage, da das Rote Kreuz gemäß seinen Statuten alle bedürftigen Menschen ohne lang nachzufragen unterstützt.«)

»Ich bin erschöpft«, kommentiert Gregor lapidar.
Kurt nimmt eine beinahe militärische Haltung an und verabschiedet sich.
Gregor sperrt die Wohnungstür hinter sich ab, geht hinüber ins Schlafzimmer, öffnet seine schwarze Tasche, überprüft sorgfältig den Inhalt, schließt sie wieder und stellt sie unters Bett. Daraufhin zieht er sich aus und faltet seine Kleidung mit extremer Aufmerksamkeit, vergewissert sich, dass die Bettwäsche frisch gewaschen ist, inspiziert den Boden, streift mit der Hand über den Nachttisch und ärgert sich über den dünnen Staubfilm

auf seiner Fingerspitze. Er betritt dann das Badezimmer und überprüft ebenso pingelig die hygienischen Zustände der sanitären Anlagen. Er lässt das Wasser im Becken eine Weile laufen, wäscht sein Gesicht ab, trocknet es mit seinem eigenen Handtuch und massiert es anschließend mit einer Reinigungscreme. Mit Mundwasser spült er das Zahnfleisch, putzt die Zähne und betrachtet im Spiegel die Farbe seiner Zunge. Dann kehrt er in sein Zimmer zurück, zieht einen Seidenpyjama an, holt eine Nagelfeile aus seinem Etui und widmet sich kurz seiner Handpflege.

Endlich legt er sich ins Bett, löscht das Licht aus und schläft auf der Stelle ein.

**21. Mai 1949. Vormittags**
Aus dem Taxi heraus beobachten Gregor und Kurt die Menschenflut, die durch die Straßen Genuas zieht: Alltagsszenen aus einem italienischen Film des Neorealismus, von dem Kurt und Gregor bestimmt nie etwas gehört haben, scheinen sich dabei abzuspielen. Die meisten Straßen und Gebäude sind noch vom Krieg gezeichnet und bilden eine Landschaft aus Trümmern und Ruinen. Das Taxi hält direkt vor dem Schweizer Konsulat.
Kurt lässt Gregor den Vortritt.

Sie steigen in den ersten Stock hinauf und klingeln beim Internationalen Komitee des Roten Kreuzes.

Ein eifriger Diplomat sperrt die Tür auf und bittet sie zu sich hinein.

»Ich habe Sie erwartet.«

In der Lounge bekommen sie endlich einen deutschen Kaffee.

Kurt stellt Gregor als Freund und ehemaligen Kriegsgefangenen vor.

Er bittet ihn fast ehrfürchtig darum, seinen Personalausweis und seine Aufenthaltsbescheinigung vorzuzeigen.

Dank seiner gefälschten Dokumente kann Gregor den Flüchtlingstitel erhalten, wodurch ihm ein internationaler Pass des Roten Kreuzes zusteht.

Gregor schaut sich den Pass genau an und liest daraus: »Dieses Dokument wurde der Person ausgestellt, die es beantragt und dabei erklärt hat, über keinen anderen Ausweis zu verfügen und außerdem nicht in der Lage ist, sich einen zu verschaffen.«

Der Beamte führt Kurt und Gregor in ein Büro nebenan. Eine Mitarbeiterin mittleren Alters sitzt an ihrem Schreibtisch. Die Frau stellt Gregor die verfahrensmäßig vorgesehenen Fragen und tippt seine Aussagen ab.

Sie scheint nicht ganz bei der Sache zu sein, Gregor sieht

sich gezwungen, sein Geburtsdatum und seinen Geburtsort mehrmals zu wiederholen und macht den Konsul darauf aufmerksam. Er bittet ihn um Verständnis, die Frau sei als Jüdin einem Konzentrationslager entkommen.

**Aus dem Notizbuch »Brenner/Genua«**
»Die Frau hatte möglicherweise mit ihren Rehaugen zu tief in die Augen des abenteuerlustigen Antragstellers geschaut und sich ablenken lassen«.

Gregor erhält auf der Stelle den Passierschein Nummer 100501 des Internationalen Komitees vom Roten Kreuz mit folgender Begründung: »Der Antragsteller Helmut Gregor war Kriegsgefangener - Internierter - Vertriebener.«

Sein Reisepass bescheinigt zudem: »Als unterzeichnender Delegierter des Internationalen Komitees vom Roten Kreuz erkläre ich, dass ich dieses Dokument ausstelle, damit sein Inhaber über seine Anwesenheit am gegenwärtigen Aufenthaltsort Rechenschaft ablegen kann. Außerdem ermöglicht das Dokument seine sofortige oder zukünftige Rückkehr in die Heimat sowie die Auswanderung in ein weiteres Land. Der Antragsteller unterzeichnet die eingetragenen Angaben.«

**21 Mai. Mittags.**
Kurt und Gregor fahren, immer noch mit dem Taxi, bis zum Viale delle Palme nach Genua-Nervi und erreichen von dort aus zu Fuß die Strandpromenade, die dicht an den Klippen verläuft.
Sie suchen sich ein Restaurant aus und setzen sich trotz des heftigen Windes auf die Terrasse mit Blick aufs Meer. Sie bestellen eine Flasche Chablis, die jedoch nach Kork schmeckt, und lassen sie deshalb zurückgehen.
Kurt verlangt nun Champagner.
Anschließend klärt er Gregor über ihre folgenden Termine auf: »Wir fahren nach dem Essen zur *Delegación Argentina de Inmigración en Europa,* da werden wir gebührend empfangen. Sie bekommen dort ein *Permiso de libre desembarco,* womit sie den argentinischen Boden betreten dürfen. Die *Delegación Argentina* genießt einen halbdiplomatischen Status. Ihr Sitz in Rom steht aufgrund der zahllosen Anfragen auf Auswanderung unter extremem Druck. Alle bearbeiteten Unterlagen werden in nummerierten Ordnern aufgehoben und anschließend nach Genua und gleichzeitig an das Einwanderungszentrum in Buenos Aires gesendet.«
Kurt fügt mit einem angedeuteten, stolzen Lächeln hinzu: »Ihre Unterlagen sind bereits hier.«

Dann schnappt er einen Augenblick lang nach Luft und fügt betrübt hinzu: »Leider muss sich jeder Einwanderungsbewerber ausnahmslos einer ärztlichen Untersuchung unterziehen, damit er das für die Einreise nach Buenos Aires unerlässliche Gesundheitszeugnis erhält.«
Gregor zuckt fast in seinem Stuhl zusammen: »Was für eine Untersuchung denn?«
»Ich weiß auch nicht so genau.«
Gregor vergisst sein Französisch und bedrängt Kurt auf Deutsch: »Blutuntersuchung? Urinuntersuchung?«
Kurt zuckt mit den Schultern.
Gregor ist sichtlich verärgert, glaubt ihm kein Wort: »Ich lasse mich auf keinen Fall impfen! Ist das klar?«
Kurt befürchtet nun, man könnte sie als Deutsche identifizieren, und beschwört Gregor, ausschließlich Französisch zu sprechen.
»Schreiben Sie mir nur nicht vor, wie ich mich zu verhalten habe.«
»Ich bitte Sie um Entschuldigung.«
Gregor steht verärgert auf und verlässt eilig die Terrasse. Kurt läuft ihm hinterher und holt ihn auf der Seepromenade ein.
Gregor ist an der Brüstung über den Klippen stehengeblieben und schweift mit dem Blick über das blaue Nichts der See.

Kurt entschuldigt sich erneut. Er würde sich umgehend über die Untersuchungen informieren, die Gregor bevorstehen.

Doch sei es nun höchste Zeit, zur *Delegación Argentina* zu fahren: »Dort möchte jemand unbedingt mit Ihnen Bekanntschaft machen.«

**21 Mai. Am Nachmittag.**
Die *Delegación Argentina de Inmigración en Europa* hat ihren Sitz in der Villa Bombrini in der Via Albaro 38, im exklusivsten Stadtteil Genuas.
Horst Carlos Fuldner empfängt seine Besucher in einem geräumigen, freskenbemalten, von einem ausgedehnten, ruhigen, gepflegten Garten umgebenen Salon. Der DAIE-Direktor stammt zwar aus Argentinien, ist jedoch gleichzeitig deutscher Staatsbürger. In den 30er Jahren avancierte er zum SS-Hauptsturmführer, war zeitweise ein enger Vertrauter Heinrich Himmlers, führte daraufhin ein ziemlich abenteuerliches Leben und nutzte dabei geschickt seine doppelte Staatsangehörigkeit und seine List, um sich mehrmals auf seinen Irrwegen zwischen Europa und Südamerika aus dem Morast zu ziehen. Er wurde 1945 mit 39 Jahren zum Sicherheitsdienst des Dritten Reiches versetzt. März '45, also unmittelbar

vor der Kapitulation der Nazis, wurde er als spanischer Muttersprachler nach Madrid geschickt, um in enger Zusammenarbeit mit dem argentinischen Staatspräsidenten Perón die Flucht der Reichsoberhäupter nach Südamerika zu ermöglichen.

Fuldner ist ein weltgewandter Mann, zeigt keinerlei Ehrfurcht vor Gregor. Sie machen es sich in einem weiteren, mit prunkvollen Perserteppichen und Brokatvorhängen edel eingerichteten Saal unter bemalten Gewölben bequem. Fuldner besteht darauf, mit Champagner auf die Freiheit anzustoßen: »Und auf unsere glorreiche Vergangenheit, trotz allen Drecks, mit dem sie uns zu beschmieren versuchen!«

Gregor fragt nach einer Tasse Tee und gibt anschließend keinen Ton mehr von sich.

Fuldner trägt einen fein geschnittenen Anzug, seine Hände sehen gepflegt aus.

Er beschwört Gregor geradezu, sich zu entspannen und den Nachmittag zu genießen: »Unsere Wiedergeburt steht kurz bevor, wir werden nicht lange auf eine neue, glorreiche Ära warten müssen.«

Ein Angestellter betritt unangemeldet den Saal und entschuldigt sich wegen der Störung.

Er überreicht Gregor die Einreiseerlaubnis in die argentinische Republik, registriert unter der Nummer 211713/48.

Kurt und Fuldner erheben ihre Gläser und stoßen an. Gregor trinkt apathisch einen Schluck Tee und bittet darum, nach Hause gefahren zu werden.

Ihm geht die Vorstellung, sich durch die unreine Nadel eines italienischen Arztes die Haut stechen zu lassen, einfach nicht aus dem Kopf: »Was für ein Impfstoff wird überhaupt hergenommen? In welchem Labor wird er hergestellt?«

Fuldner lenkt vom Thema ab und macht ihm den Vorschlag, zum Abendessen auszugehen. Gregor erwidert ihm nahezu verächtlich, er brauche keine Abwechslung. Doch Fuldner besteht darauf: »Erlauben Sie mir nur, Sie heute Abend an einen speziellen Ort einzuladen. Es wird nicht zu spät werden. Das verspreche ich Ihnen.«

**21.-22. Mai. Im Nachtclub Astoria.**

Das Astoria war einer der wenigen Nachtclubs in Genua, der ausschließlich von der lokalen Bourgeoisie und gleichrangigen Persönlichkeiten aus dem Ausland besucht wurde. Fuldner mochte diesen Club so sehr, dass er ihn zwei Jahre darauf auch Klaus Barbie, dem Henker von Lyon, empfiehlt. Eine Band spielte, endlich unbesorgt und zensurfrei, Jazz und Swing, keiner tanzte allerdings dazu. Die jungen Kellnerinnen waren alle aus Süditalien voller Illusionen emigriert, servierten nun halbnackt Getränke und Snacks, mussten zu einem späteren Zeitpunkt im Obergeschoss ihre Körper zur Verfügung stellen.

Im Gegensatz zu Kurt und Fuldner hat sich Gregor voller Empörung geweigert, mit einer solchen bestimmt unsauberen Hure ein ebenfalls unsauberes Bett zu teilen.

**22. Mai. 9 Uhr Vormittag.**
Gregor und Kurt fahren im Taxi durch die Stadt, Richtung argentinisches Konsulat. Gregor macht Kurt auf die von den Bomben der Royal Air Force aufgerissenen Gebäude aufmerksam. »Die Bomben der Befreier...« kommentiert Kurt sarkastisch.

Sie überspringen die Warteschlange der Migranten und werden vom argentinischen Konsul persönlich empfangen. Kurt reicht dem Diplomaten Gregors Rotkreuz-Pass. Der Beamte sieht sich den Ausweis genau an, reicht ihn einem Kollegen weiter, der dabei den Kopf schüttelt. Leider weist der Pass einen eklatanten Fehler auf, den man nicht einfach ignorieren kann. Offensichtlich hat die leichtsinnige Mitarbeiterin im Schweizer Konsulat

das Ausstellungsdatum in die Zeile des Ablaufdatums eingetragen; dadurch ist der Pass seit dem Vortag ungültig.
Der Fehler muss unverzüglich behoben werden.
Kurt besteht darauf, persönlich mit dem Schweizer Konsul zu telefonieren: In einer Stunde komme er vorbei, um den Fehler wiedergutzumachen.

**10:00 Uhr**
Kurt bietet Gregor an, ohne ihn zum Schweizer Konsulat zu fahren, er könne sich in der Zwischenzeit beim argentinischen Konsul ein wenig ausruhen.
Gregor lehnt den Vorschlag kategorisch ab.

Sie betreten unangemeldet das Büro des Schweizer Konsuls und zeigen ihm den unbrauchbaren Reisepass vor. Der Konsul ruft die Mitarbeiterin zu sich und fordert sie auf, jegliche Tätigkeit unverzüglich einzustellen und sich auf Herrn Gregors Pass zu konzentrieren. Wenige Minuten später erscheint die Angestellte sichtlich verlegen wieder und reicht Gregor seinen verbesserten Ausweis zurück.
Ohne sie eines Blickes zu würdigen, überprüft er das Dokument auf der Stelle minuziös.
»Er ist in Ordnung«, sagt er zum Schluss. »Wir können gehen.«

**11:00 Uhr**

Im argentinischen Konsulat sieht sich der Diplomat den Reisepass genau an und bestätigt, dass der Fehler behoben ist.

Um den Konsulatsstempel auf dem *Permiso de Libre Desembarco* zu erhalten, steht Gregor nur noch die medizinische Untersuchung vor.

Inklusive Malariaprophylaxe.

Absolut unumgänglich.

Gregor ist deutlich gereizt.

Er betont klipp und klar, er lasse sich keinesfalls impfen.

Der argentinische Konsul erwidert verlegen: »Leider sieht es das internationale Verfahren vor.«

Gregor gerät beinahe aus der Fassung.

Kurt versucht, ihn zu beruhigen: »Wir finden bestimmt eine Lösung dafür.«

Doch Gregor gibt sich damit nicht zufrieden; er fragt den Konsul erneut, ob die Impfung tatsächlich verpflichtend ist.

»Tut mir Leid.«

Mit einer leichten Verbeugung bittet der argentinische Diplomat um Erlaubnis, sich zu verabschieden, er habe noch dringende Angelegenheiten zu erledigen.

Gregor würdigt ihn keines Blickes und wendet sich abweisend an Kurt: »Was die Injektion betrifft, habe ich von Anfang an meine Position klargestellt und lasse mich nicht überreden.«

Kurt spricht Gregor sein Mitgefühl aus, möchte ihm aber keine falschen Hoffnungen machen.

**12:00 Uhr. Zollstelle Mura degli Zingari**

In der Nähe der heruntergekommenen Lagerstätten steht am Hafen eine Menge Einwanderer vor der ärztlichen Untersuchung Schlange. Kurt spricht einen Polizisten an, der ihn und Gregor passieren lässt. Die medizinische Inspektion besteht aus einer Pupillenuntersuchung, der Passagier wird anschließend danach befragt, ob er jemals an einer Cholera-, Typhus-, Pocken- oder Krätzeinfektion erkrankt sei.

Anschließend muss er zwingend geimpft werden.

Ein Arzt aus Kroatien geht auf Gregor zu, hinter ihm steht eine Krankenschwester mit einer Spritze in der Hand.

Gregor weicht einen Schritt zurück und lässt sich nicht anrühren.

Kurt ist deutlich verlegen dabei und versucht, ihn zu überzeugen.

Sie streiten sich lautstark auf Deutsch.

Die anderen Passagiere schauen sie misstrauisch an.

Doch Gregor lässt sich nicht von seinem Entschluss abbringen: Keine Injektion!

**Aus dem Notizbuch »Brenner/Genua«**
*Sie suchten mit demselben Glasstab und denselben ungewaschenen Händen nach Tracoma-Fällen. Wenn man vor der Untersuchung keine ansteckende Krankheit hatte, hatte man sie höchstwahrscheinlich danach.*

Kurt nimmt den kroatischen Arzt beiseite. Wenige Minuten später bekommt Gregor - ohne Injektion - seine Impfbescheinigung und ein weiteres, von den Gesundheitsbehörden des Hafenamtes beglaubigte Papier, das ihn als gesund und dazu berechtigt erklärt, die Atlantikfahrt nach Buenos Aires zu bewältigen.

**22. Mai, Nachmittags. Wohnung in der Via Ricci.**
Gregor liegt noch angezogen auf seinem Bett und dreht sichtlich genervt einen Brief von seiner Frau in den Händen.
Freundlich aber erbarmungslos hat Irene ihr »Nein« bekräftigt: Sie wird unter keiner Bedingung mit ihm nach Buenos Aires gehen.
Doch was ist mit Rolf? Wann wird das Kind seinen Vater sehen können?

Irene hat sich total verändert. Noch während des Krieges stand sie stets voller Liebe und Hingabe auf seiner Seite. Sie kochte Marmeladen ein und las Kunstgeschichtsbücher, während er seinem Dienst nachging.

Als er am Abend in sein Quartier zurückkehrte, hörten sie zusammen klassische Musik und Opern im Radio. Nach dem Abendessen legten sie sich hin, liebten sich und schliefen umarmt ein.

Nach dem Zusammenbruch stand jedoch auf einmal eine ganz andere Frau vor ihm. Die Amerikaner mit ihren lumpigen Juden hatten anscheinend Lügen über seine Arbeit im Lager verbreitet.

Zu Hause hatten sie nie über Politik gesprochen.

Wer hatte auf sie eingeredet?

Irene war eine ihrem Mann und dem Reich treue und ergebene Frau, dazu eine aufmerksame und liebevolle Mutter. Warum weigerte sie sich nun, zusammen mit ihm nach Südamerika zu gehen?

In den vergangenen drei Jahren, während er sich mit falschen Papieren als Knecht auf einem kleinen Bauernhof verdingte, hatten sie sich mehrmals heimlich getroffen. Er fand sie nach und nach distanzierter, manchmal sogar abweisend.

Bis eines Tages eine vertraute Person, ein Bekannter seines Vaters, ihn darauf aufmerksam machte, dass Irene sich mit einem anderen Mann eingelassen hatte.

Der Gedanke daran bringt ihn zur Wut: Er zerknüllt den Brief und wendet seinen Blick auf das Foto des kleinen Rolf.

**22. Mai. Abends. Via Ricci 3.**

Mürrisch, müde, lehnt er Kurts Einladung zu einem leichten Abendessen ab. Irene geht ihm nicht aus dem Kopf. Er stellt sie sich splitternackt in den Armen eines anderen vor.

Einfach obszön.

**23. Mai. Vormittags**

Der argentinische Konsul in Person wirft einen flüchtigen Blick auf das ordnungsgemäß korrigierte Visum sowie auf das ärztliche Attest und setzt den Stempel auf Gregors *Permiso de Libre Desembarco* auf. Kurt bezahlt 6.857 Lire für die Konsulargebühren. Gregor ist von nun an offiziell ein Emigrant. Er gehört zu den 255.000 italienischen Staatsbürgern, die 1949 auf Arbeitssuche auswanderten, darunter 144.000 auf den amerikanischen Kontinent und davon 98.000 nach Argentinien.

»Was soll ich denjenigen antworten, die mich nach meiner Berufsausbildung fragen werden?«, fragt er Kurt.

»Nichts. Keiner wird Sie etwas fragen.«

**23. Mai. Auf der Terrasse vor dem Grand Hotel Savoy. Mittagszeit.**

Kurt ist bestens gelaunt und bestellt großzügig von der Speisekarte, während sich Gregor mit einer Portion gesottener, ungesalzener Santa Margherita-Garnelen mit einem Spritzer reinem Olivenöl zufriedengibt.

Er macht sich wie immer über die hygienischen Verhältnisse in der Küche Gedanken.

»Das ist ein Luxushotel, der Service ist tadellos.«, beruhigt ihn Kurt, während er ungestört an seinem Chablis nippt; Gregor trinkt nur Mineralwasser, hat sogar darauf bestanden, dass die Flasche direkt vor seinen Augen aufgemacht würde. Eigentlich hätte er lieber Milch bestellt, doch Kurt hat ihn davor gewarnt: »Kein Italiener trinkt beim Essen Milch, das würde auffallen.«

»In Ordnung.«

Anschließend lässt Gregor, scheinbar beiläufig, die Bemerkung fallen: »Ich bin schon zwei Tage in Genua und habe das *Mare Nostrum*, abgesehen von dem kurzen Ausflug in Nervi und vom Vorbeilaufen an den übelriechenden, abgestandenen Hafengewässern, noch nicht gebührend gewürdigt.«

»Sie sind auch nicht als Tourist hier. Sie werden die See sowieso bald richtig satt haben.«

Er macht ihn auch noch darauf aufmerksam, dass er als Letztes noch die Ausreisegenehmigung von der italienischen Behörde braucht: »Morgen früh müssen Sie sich bei der PolMare, der Hafenpolizei, melden, und zwar ohne mich. Sie brauchen doch nur alle Ihre Papiere vorzuzeigen und bekommen dann Ihr Visum für die Ausreise.«

Gregor spricht kein Wort Italienisch und macht sich über eventuelle unerwartete Unannehmlichkeiten Gedanken. »Seien Sie unbesorgt. Bei der PolMare steht unser Verbindungsmann. Es wird alles glatt laufen.«

Gregor hebt die Augenbrauen und stöhnt erleichtert auf. Einen Kaffee zum Schluss lehnt er ab: »Es ist höchste Zeit, ich will unbedingt ans *Mare Nostrum*.«

**23. Mai. Nachmittags**

Auf der Via Aurelia bleibt das Taxi bei den Klippen stehen, von wo aus der italienische Freiheitskämpfer Giuseppe Garibaldi 1860 mit seinen tausend Milizionären nach Sizilien aufgebrochen ist.

Gregor und Kurt gehen auf der Steilküstenpromenade ein Stück spazieren. Ihr Blick schweift vom Portofinokap bis zur französischen Grenze.

Gregor bleibt auf einmal stehen, lehnt sich an die Brüstung und schaut verträumt ins Nichts.
»Garibaldi war ein Sozialist, doch vor allem ein Patriot«, kommentiert Kurt.
»Die Geschichte Italiens spricht mich überhaupt nicht an.« erwidert Gregor trocken.
Kurt zeigt auf das gewaltige Denkmal, das Garibaldis Unterfangen würdigt:
»Gabriele D'Annunzio hat es eingeweiht. Ein echter Faschist. Und ein großer Dichter.«
»Italiener sind für mich alle Verräter. Ich denke lieber an die römischen Schiffe, die das *Mare Nostrum* befuhren. Schon während der Schulzeit fand ich die Geschichte des Imperiums faszinierend.
Doch lass uns nun die Küste entlang zu Fuß zurückgehen. Und bleiben Sie bitte still dabei. Ich möchte den Nachmittag genießen.«
Auf der Höhe des malerischen Fischerortes Boccadasse nehmen sie ein Taxi zu Gregors Wohnung.
Er möchte sich ausruhen, während Kurt noch einiges erledigen muss.
Um 19 Uhr wird er wieder da sein, dann fahren sie zusammen essen.

**23. Mai. Abends. Restaurant Nuovo Lido**
Kurt hat einen Tisch mit Blick aufs Meer reserviert. Gregor bestellt für sich nur eine wässrige Gemüsesuppe, Kurt und Fuldner speisen dagegen nahezu fürstlich: Hummer, Scampi, Austern. Dazu trinken sie ausschließlich Chablis.
Beiläufig tauschen sie ein verschmitztes Lächeln auf Gregor aus, der ungerührt sein Mineralwasser schlürft.
Sie unterhalten sich mit leiser Stimme auf Französisch.
Franz Ruffinengo, ein ehemaliger faschistischer Militär der italienischen Sozialrepublik, den Fuldner als unentbehrlichen Stellvertreter zu sich gerufen hat, gesellt sich zu ihnen.
Er habe eine vertrauliche Information. Im Flüsterton und ebenfalls auf Französisch teilt er den anderen Gästen betrübt mit, dass ihr »zuständiger Ansprechpartner« am kommenden Morgen aus persönlichen Gründen nicht auf seinem Posten in der Polizeistation sitzen wird.
Gregor bleibt scheinbar ungerührt. Kurt schimpft, leise aber diesmal auf Deutsch, über die unzuverlässigen Italiener: »Sie werden sich nie ändern.«
Zum Schluss platzt auch Gregor regelrecht vor Wut: »Verräter! Feiglinge!«
Kurt stimmt ihm zu: »Sogar Mussolini hat sich auf der

Flucht als deutscher Kamerad verkleidet.«

Ruffinengo reagiert empört: »Ich lasse nicht zu, dass Sie den Duce verleumden!«

Mit energischer Geste bittet Fuldner die Herrschaften um Ruhe: »Wir werden des Zwischenfalls leicht Herr werden.«

Gregor sieht das anders: »Sie vergessen, dass ich morgen Früh allein vor einem unbekannten Polizeibeamten stehen muss. Ohne ein Wort Italienisch zu sprechen.«

Fuldner trinkt sein Glas Chablis aus und flüstert Kurt ein paar Sätze ins Ohr. Kurt nickt ihm zu: »Sie sind in guten Händen, Herr Gregor. Wir haben schon weitaus kompliziertere Fälle in den Griff bekommen.«

**23. Mai. Abends. Wohnung in der Via Ricci.**
Kurt übergibt Gregor den Pass für den kommenden Morgen. Zwischen den unberührten Seiten des Ausweises hat er zwei 10.000-Lire-Scheine gelegt, die im Jahr 1949 einem Wert von etwa 32 US-Dollar entsprachen.

»Ist das nicht zu riskant?« erwidert Gregor.

»Machen Sie sich keine Sorgen darüber, das ist hier gang und gäbe.«

»Was soll's! Ich bin jetzt einfach zu müde, um noch darüber zu diskutieren; abgesehen davon kriege ich auch langsam die ganze Geschichte satt. Ich wünsche Ihnen eine gute Nacht.«

»Ich hole Sie morgen Früh um 8 Uhr ab. Schlafen Sie gut.«

**24. Mai. Vormittags. Hafen von Genua, Hauptquartier der Grenzpolizei.**

Der eingesprungene Polizeibeamte heißt Ennio F.

Mein Großvater.

# AUS ENNIOS TAGEBUCH

*Ich war miserabel gelaunt. Musste meinen Vorgesetzten Giovanni Carbone vertreten, der hatte sich mir nichts dir nichts ein paar Tage freigenommen, angeblich heiratete ein Cousin von ihm auf Sizilien. Er wusste genau, ich hasste die Bürokratie, diese absurde Stempelei erst recht; doch gerade das machte ihm wahrscheinlich Freude.*
*Carbone war bestimmt bis vor kurzer Zeit ein Angehöriger der faschistischen Partei gewesen, doch hatte ich keine Beweise dafür. Er sah mich seinerseits als Schoßkind an und zwar nur deshalb, weil ich dank meiner ausgezeichneten Englischkenntnisse zum Repräsentanten für die Beziehungen zum USA-Konsulat avanciert war. Aus diesem Grund musste ich auch nicht in Uniform auftreten, im Gegenteil war ich gewissermaßen dazu gezwungen, maßgeschneiderte Anzüge zu tragen, da ich nahezu alltäglich im amerikanischen Konsulat Diplomaten oder andere Persönlickeiten empfing. Ich kam mit ihnen nicht nur gut ins Gespräch, durfte sie auch zu Cocktails, Galadiner oder sonstigen offiziellen Veranstaltungen begleiten.*

*Oft ging es darum, einen prominenten Passagier in Europa ein- oder ausschiffen zu lassen. Tausende Amerikaner kamen monatlich über Manhattan nach Genua und reisten von dort aus nach Mailand, Florenz, Frankreich oder in die Schweiz weiter. Fliegen war damals noch zu teuer, italienische Schiffe dagegen sehr preiswert und vor allem komfortabel: auf unseren Dampfern konnten die Gäste wie Fürsten speisen und vor allem wie Könige saufen, und dies sogar praktisch rund um die Uhr, da die* Open Bars *der ersten und der zweiten Klasse von 10 bis 2 Uhr in der Nacht geöffnet waren.*

*Der amerikanische Konsul bat mich öfter um einen Gefallen, dazu waren wir beide leidenschaftliche Musikliebhaber, insbesondere was den Jazz der Big Bands betraf, vor allem Benny Goodman oder Glen Miller, den ich allerdings nicht mochte. Wir hielten uns oft in einer Bar in der Via XX Settembre auf, gingen dann zusammen Abendessen, tranken zu viele Martinis und diskutierten stundenlang über die afrikanischen oder zumindest schwarzen Wurzeln des Jazz, die er, im Gegensatz zu mir, anzweifelte.*

*1949 war die New Yorker Bebop-Revolution abgeklungen, von der Westküste kamen die ersten Scheiben von*

*Stan Getz, einem sehr jungen Gerry Mulligan und dem großartigen Charlie Parker, der extra nach Los Angeles zog, um dort einige besondere Sessions aufzunehmen. Auch in Italien bildete sich allmählich ein kleiner, doch begeisterter Fankreis.*

*Die neuen Platten aus New York wurden wöchentlich im Hafen von Genua ausgeladen und der Konsul, zusammen mit einigen wohlwollenden Schiffskapitänen, erlaubten es mir, diesen unaufhörlichen Zustrom an Musik zu steuern. Dadurch konnte ich mein nicht gerade fürstliches Gehalt als Vizeinspektor mit den Einnahmen aus dem Schallplatten-Großhandel ergänzen. Ich belieferte nicht nur Fans, sondern auch die ersten Fachgeschäfte, die in Mailand und Turin eröffnet wurden. Letzten Endes waren mir die Nebenverdienste auch egal, ich tat es eher aus Leidenschaft und war vor allem froh, meinem unerträglichen Bürojob von Zeit zu Zeit ausweichen zu können.*

*Zu Weihnachten hatte mir der Konsul einen Plattenspieler geschenkt. Ein richtiger Luxus für die damalige Zeit. So blieb ich oft abends allein in meinem Büro und hörte mir die Platten an, die ich entweder neu gekauft oder mit amerikanischen Matrosen ausgetauscht hatte. Carbone hasste meine Leidenschaft für diese »Negermusik«, wie er sie nannte, ganz zu schweigen von meinem Umgang mit diesen dunkelhäutigen US-Militärs, die in ihrer Freizeit gelegentlich in einer Hafenkneipe Jazz spielten.*

*»Der nächste bitte!«*
*Nach unbegründeter Verzögerung stand dieser Helmut Gregor das erste Mal vor mir.*

*Auf den ersten Blick kam er mir wie ein* decent man *vor, so hätte ihn jedenfalls ein Amerikaner bezeichnet: Distanziert, eher ausdruckslos, banal angezogen; er verriet keinerlei Emotionen.*

*Seine Augen waren klein und dunkel, die oberen Schneidezähne ersichtlich durch einen Spalt getrennt, doch wirkte sein Gesichtsausdruck irgendwie unheimlich.*

*Gregor reichte mir seine Papiere, ohne auch nur ein »Guten Tag« über die Lippen zu bringen.*

*Ich habe mir alle Dokumente gewissenhaft angeschaut. Sein italienischer Personalausweis fiel mir dabei sofort ins Auge: Ein Emigrant aus Südtirol? Seltsam.*

*Jedenfalls überprüfte ich der Reihe nach seine Landegenehmigung in Buenos Aires, das Visum für die Einreise nach Argentinien, die Impfbescheinigung und seine Einzelfahrkarte ebenfalls nach Buenos Aires.*

*Zum Schluss reicht er mir den Pass des Internationalen Roten Kreuzes.*

*Und da zucke ich regelrecht zusammen: aus dessen Seiten ragen zwei 10.000-Lire-Scheine heraus.*

*Mit Bedacht ziehe ich sie heraus.*

*Schaue zuerst auf das Geld, dann auf ihn.*

*Er verrät keinerlei Gefühlsregung.*

*»Was hat das zu bedeuten, Herr Gregor?«*

*In gebrochenem Französisch gibt er mir zu verstehen, kein Italienisch zu sprechen.*

*»Monsieur Gregor, ich wiederhole: Was haben diese Geldscheine in Ihrem Pass zu suchen?«*

*Nun gibt er gar keinen Ton mehr von sich. Ich blicke nochmal auf das Foto in seinem Ausweis, dann wieder auf ihn.*

*Keine Reaktion.*

*Ich nehme nur ein nahezu unmerkliches Zucken wahr.*

*Unbehagen? Angst?*

*Schwer zu sagen.*

*Wollte er mich bestechen? Wozu?*

*Auf einmal fällt mir allerdings ein, dass Carbone, oder einer seiner Leute, hier an meiner Stelle hätte sitzen sollen. Waren die 20.000 Lire für ihn oder jemanden von seinem ausgesuchten Personal bestimmt?*

*Wahrscheinlich hatte ich sie rein zufällig abgefangen. War Carbone in dunkle Affären mit Emigranten, falschen Papieren, Bestechungsgeldern oder was auch immer verwickelt?*
*Wenn, dann würde ich ihn auf der Stelle verklagen.*
*»Monsieur Gregor, wozu wollten Sie mich bezahlen?«*
*Er starrt mich weiterhin mit seinen Schlitzaugen an und gibt kein Wort von sich.*
*Ich stehe auf. Halte ihm die Geldscheine unter die Nase: »Was hat dies Geld in Ihrem Pass zu bedeuten?«*
*Er springt sichtlich gereizt einen Schritt zurück: »Ich bin ein italienischer Staatsbürger aus Südtirol.«*
*»Siete tedeschi!« brülle ich ihm ins Gesicht.*

*Mit der Sprache von Goethe und Goebbels hatte ich eine Rechnung offen. Allein dieser abscheuliche deutsche Akzent bei seinem Französisch machte mich rasend.*
*Meine Gedanken sprangen unwillkürlich zu dieser Razzia im Trebbia-Tal zurück:*
*Wir hatten uns bei einer Mühle im Talgrund versteckt, dort wurden wir einmal mitten in der Nacht aus dem Schlaf gerissen.*
*Ihre Spürhunde bellten, sie hätten uns am liebsten in Stücke zerrissen.*

*Dazu dieses hasserfüllte Gebrüll der Nazis.*
*Wir rannten den Fluss entlang und riskierten in der Finsternis Kopf und Kragen.*
*Noch ein paar Tage zuvor hatten diese Dreckskerle fünf von uns erwischt, daraufhin brutal gefoltert und zum Schluss hingerichtet.*
*Davor mussten sie ihr eigenes Grab schaufeln.*
*Der jüngste von ihnen war erst 17.*

Ich würde diesen Scheinsüdtiroler nun allzu gerne auf Deutsch anbrüllen.
Als Beamter muss ich mich aber zurückhalten.
Ich halte ihm erneut die Geldscheine vor die Nase:
»Dachten Sie, Sie könnten einen Polizeibeamten bestechen?«
»Keineswegs. Ich habe die Scheine einfach in meinem Pass vergessen.«
»Aber sicher! Jeder vergisst das Geld in seinem Pass, bevor er ihn einem Polizeibeamten reicht.«
Gregor gibt sich nicht einmal die Mühe, sich eine glaubwürdige Ausrede dafür auszudenken; stattdessen wiederholt er monoton in seinem widerlichen Deutsch-Französisch: »Ich bin ein deutschsprachiger italienischer Staatsbürger. Wurde in Bozen, Südtirol geboren und bin

*nun ein Kriegsflüchtling. Ich wandere auf Arbeitssuche nach Argentinien aus.«*

*Seine Stimme hört sich nur scheinbar distanziert an. Er bemüht sich auch nicht, seine Irritation mir gegenüber zu verheimlichen; er empfindet das Ganze lediglich als lästigen Zwischenfall. In seinen Augen bin ich doch nur eine Art Ungeziefer, das man vermeiden oder notfalls zerquetschen muss.*

*Eines war mir allerdings bei der ganzen Geschichte nicht klar: Seine Papiere waren in Ordnung. Wozu wollte er mich, oder wen auch immer, schmieren?*

*Schaue ihm nochmal tief in die Augen: »Sag mir die Wahrheit! Ansonsten kannst du deine Fahrt vergessen!«*

*Kein Wort.*

*Unangemeldet platzt sein vermutlicher Begleiter (mir wurde erst später mitgeteilt, dass er angeblich Kurt hieß) herein.*

*Er stellt sich nicht einmal vor, spricht mich herrisch, ebenfalls mit einem grässlichen deutschen Akzent, an und fragt: »Haben Sie mit Herrn Gregor irgendwelche Probleme?«*

*Ich werfe ihn raus - doch die Frage dabei lautet: Wer hatte ihn reingelassen? - und wende mich wieder Gregor zu: »Herr Gregor, ich bin ganz Ohr.«*

*Sein verächtlicher und überheblicher Ton kotzt mich wörtlich an: »Ich habe nichts weiteres dazu zu sagen und bestehe auf meinem Recht, morgen mit der* North King *nach Buenos Aires zu fahren. Meine Papiere und meine Fahrkarte sind vollkommen in Ordnung.«*
*Damit hatte er Recht.*
*Andererseits war sein Bestechungsversuch nicht aus der Welt zu schaffen, da durfte ich kein Auge zudrücken, das wäre absolut gegen meine Prinzipien gewesen.*
*Abgesehen davon blieb die Hauptfrage offen: »Was oder wer steckt hinter diesen 20.000 Lire?«*
*Carbone hätte wahrscheinlich eine Antwort dafür gehabt. Und doch war ich unschlüssig darüber, ob ich der Angelegenheit tatsächlich akribisch nachgehen sollte.*
*Lasse ich mich nicht doch von meinen Rachegefühlen verleiten?*
*Der Krieg ist vorbei. Bin sowieso nie ein Idealist gewesen, ein Held erst recht nicht. Das galt übrigens für die meisten Italiener, die alle brav und gehorsam Mussolini nachliefen, solange er an der Macht war. Zu einer Widerstandsbewegung kam es erst nach dem Waffenstillstand, als die Nazis im Haus und die Alliierten vor der Tür standen. Ich selbst muss gestehen, dass ich mich aus rein praktischen Erwägungen zu den Partisanen gesell-*

*te. Die Alternativen dazu hießen: Front oder KZ.*
*Selbst nach dem Krieg hatte ich mir neben meinem langweiligen Alltag im Büro geschickt eine Nische ausgehöhlt, die mir ein akzeptables Leben ermöglichte.*
*Ich glaube, zum Schluss hätte ich diesem hochnäsigen, mutmaßlichen Südtiroler seine dreckigen 20.000 Lire doch zurückgegeben und sein bestimmt falsches Ausreisevisum nach Südamerika abgestempelt.*
*Hätte mich dieser Gregor nicht doch glatt in dem Moment geradezu herausgefordert: »Geben Sie mir meine Papiere und mein Visum sofort zurück! Ich habe keine Zeit zu verlieren!«*
*Das war nun, wie man so schön sagt, ein Wort zu viel. Ich geriet völlig aus der Fassung, brüllte ihm mit meinem zerzausten Deutsch ins Gesicht: »Ich glaube dir kein Wort! Du wirst noch vernommen!«*
*Ich rief einen Polizisten herbei und ließ ihn in eine Sicherheitszelle einsperren. Davor ließ ich ihn seine Taschen leeren. In seiner Brieftasche aus Pythonleder steckten 45 Dollar. Ich konfiszierte seine Krawatte, seinen Gürtel, seine Schnürsenkel, seine Uhr und einen Schlüsselbund. Ich habe direkt vor seinen Augen alles genauestens durchgeschaut und anschließend in die Taschen seines Anzugs gekramt.*

*Zum ersten Mal in meinem Leben kam ich mir wie ein waschechter Bulle vor.*
*Er ließ dabei seinen verächtlichen Blick nicht von mir los. Seine Bestürzung war ihm deutlich anzumerken, so gut er sie auch zu kaschieren versuchte.*

**13:00 Uhr**
*Ich war den Stress einer Vernehmung, der nervenaufreibenden Konfrontation mit einem Verdächtigen, nicht gewohnt. In mir schlug kein Polizistenherz.*
*Vielleicht hätte ich doch die ganze Geschichte einfach fallenlassen sollen.*
*Andererseits: Carbone hätte dann seine Drecksgeschäfte ungestört weitergetrieben.*
*Nebenbei dachte ich auch mit einer Art Revanchegefühl an meine Frau Lina: Hatte sie gewollt, dass ich Bulle werde, um mich stets bei sich zu haben? Das hat sie nun davon!*
*Ich rufe sie an: »Ich schaffe es heute zum Mittagessen nicht.«*
*»Was soll das heißen? Dein Sohn (Wohlgemerkt: >dein< Sohn) hat eine Blinddarmentzündung, weißt du das überhaupt? Er muss so bald wie möglich ins Krankenhaus.«*
*»Ich bin einem wichtigen Fall hinterher, das Kind wird es verstehen.«*

*Ich lege auf und lasse einen Kollegen kurz einspringen; brauche frische Luft.*

*In den Nachkriegsjahren hatte in Genua ein Polizeibeamter nicht einmal die Zeit, sich die Schuhe zuzubinden. Im Hafen kursierte zu viel Geld; zu viele wertvolle Güter, darunter Schmuggelware, wurden aus den Schiffen geladen. Nach der Elendszeit des Zweiten Weltkriegs pulsierte nun die Stadt vor Eifer, Lebenslust, Affären, Konsum.*

*Der Warenstrom aus den USA überflutete geradezu die Hafenstadt eines Landes, das nach 20 Jahren Unterdrückung und Verwüstung regelrecht nach Leben schnupperte. Die Geschäfte in Mailand, Turin, Zürich füllten demnach ihre Regale und Schaufenster, um Millionen potenzielle Verbraucher anzulocken. Die Amerikaner hatten für dieses monströse Konsumkarussell einen spezifischen Ausdruck geprägt: Marshall-Plan. Eine Unzahl an bis dahin undenkbaren Produkten wurde ausgeliefert, weiterverkauft, gekauft, gekaut, geklaut: Getreide, Landwirtschafts- und Industriemaschinen, Baumwolle, Haushaltsgeräte, dazu Luxusgüter Made in USA: Gesichtscremes, Zahnpasta, Dosensuppen, Kondensmilch, Zigaretten, Parfüms, Kühlschränke, Kaffee,*

*Spirituosen, Kokain, Morphin, Heroin. Und Waffen: Den Colt Detective 38 Special Revolver machte ich zu meiner Lieblingspistole.*

*Den unerlaubten Großhandel hielten Banden Italo-Amerikaner im Griff, die sich in der Stadt mit ihren bewaffneten Männern etabliert hatten und einen direkten, kontinuierlichen Kontakt zu den New Yorker Bossen unterhielten. Der Drogenmarkt wurde von einer Gang überwacht, die mit einer Mafia-Familie aus Brooklyn im Geschäft war. Die Drecksarbeit übernahmen dabei die Leute aus zwei bekannten neapolitanischen Camorra-Familien, die ihrerseits ihre Arbeitskräfte in Genua und Marseille rekrutierten. Drogen konnte man in der Stadt jede Menge bekommen, insbesondere in den Hinterzimmern bestimmter Bars, in denen gepokert und gewettet wurde; dadurch konnten sie Spielverluste ausgleichen und Prostituierte bezahlen.*

*In diesem zweifelhaften Milieu vermischten sich Hunderte von ehemaligen Parteifunktionären, Kriegsverbrechern, Staatenlosen, Volksdeutschen auf der Flucht vorm sowjetischen Vormarsch, jüdischen Flüchtlingen auf dem Weg nach Israel. Sie alle stauten sich in Genua, in der Hoffnung auf eine neue Welt, in der sie ihr Leid, ihre Verbrechen, ihre alte Heimat ein für alle Mal hinter sich lassen würden.*

*Deutschland und Österreich standen nun unter strenger Aufsicht der Alliierten, während Jugoslawien von Titos Kommunisten regiert wurde; so bot Italien ab 1946 den schnellsten und einfachsten Fluchtweg an: Insbesondere der Hafen von Genua wurde zu einer Art Rangiergelände für den überwältigenden Flüchtlingszustrom und ein relativ sicherer Fluchtweg für Nazis und Faschisten: Das Land war nicht mehr der strengen Kontrolle der Alliierten ausgesetzt, zudem standen die Überseehäfen in Italien offen und wurden so gut wie nicht überwacht.*
*Die meisten Zufluchtsuchende konnten bei uns ihre gefälschten Dokumente abstempeln lassen.*
*Und ich hatte dabei das Glück gehabt, ausgerechnet auf diesen Helmut Gregor zu stoßen.*
*Ich zündete mir eine Zigarette auf der Caféterrasse an und genoss das Vergnügen, höchstwahrscheinlich einen Deutschen, möglicherweise einen Nazi in den Knast gesteckt zu haben. Und nicht nur das: Gregor hätte mich auf die richtige Spur bringen können, um Carbones Doppelspiel aufzudecken.*
*Gelassen schaute ich mir das Hin und Her der Passagiere an, die auf den Dampfer »Italia« einstiegen, um in wenigen Stunden auf der Route Genua-Neapel-Lissabon-New York abzureisen.*

*Ich hatte meine Lucky Strike noch nicht ausgeraucht, da eilte Traverso zu mir: Ich wurde dringend im Büro erwartet.*

*Traverso war kein gewöhnlicher Polizist, jedenfalls nicht für mich. Eigentlich war er mein Untergebener, sah ihn aber eher als einen wertvollen Mitarbeiter an. Er war in San Francisco, wohin seine Großeltern emigriert waren, geboren und aufgewachsen, kam jedoch auf die Glanzidee, 1943, das heißt unmittelbar nach dem Sturz Mussolinis, in seine Heimat zurückzukehren; hier wurde er auf der Stelle eingezogen und musste ausgerechnet auf seine eigentlichen Landsleute, die mittlerweile in Sizilien gelandet waren und in Richtung Rom vorrückten, die Waffe richten. Traverso sprach als Einziger neben mir auf der Genueser Hafenpolizei fließend Englisch.*

*Ich hatte ihn deshalb beauftragt, sich um den Papierkram aus dem US-Konsulat zu kümmern. Wir verstanden uns gut, er war für mich nahezu unentbehrlich.*

*Er machte sich um mich Sorgen: »Wir haben mehrere Anrufe aus der Präfektur bekommen. Sie wollen von uns wissen, aus welchem Grund wir diesen Gregor eingesperrt haben.«*

*Sicher steckte dieser Kurt dahinter. Nach meinem Rauswurf hat er sich höchstwahrscheinlich an die zuständige Behörde gewandt.*

*Es war nicht einmal eine Stunde verlaufen.*
*Eines war mir nun endgültig klar: Dieser Gregor konnte kein gewöhnlicher Emigrant sein.*

## 14:00 Uhr. Zurück auf der Hafenpolizei
*Ich muss ihn unbedingt sprechen.*
*Ihn ausquetschen.*
*Hatte dafür auch einen Deutsch-Dolmetscher beantragt.*
*Den haben sie mir glatt verweigert.*
*Ich laufe zu ihm runter.*
*Gregor steht straff mitten in der Zelle.*
*Er glotzt mir direkt in die Augen, würde mir am liebsten einen Stromschlag verpassen.*
*»Wie heißt der Mann, der mit dir zusammen war?«*
*Gregor gibt kein Wort von sich.*
*Senkt seinen Blick.*
*Nimmt sich Zeit.*
*Denkt offensichtlich nach.*
*»Hast du schon eine Arbeit in Buenos Aires? Eine Wohnung?«*
*»Ich brauche einen Schluck Wasser. Mir ist nicht gut (auf Französisch).«*
*»Ohne Aussagen bekommst du kein Wasser!«*
*»Gib mir zu trinken. Es ist mir übel.«*

*Er senkt seine kleinen, schwarzen Augen und gibt kein Wort mehr von sich.*

*»Dein Schiff legt morgen ab. Wenn du mir nicht sofort sagst, für wen das Geld bestimmt war, fährt es ohne dich los.«*

*Das hilft alles nichts; er bleibt stur in sein Schweigen verhüllt.*

*Doch* musste *ich ihn zum Reden bringen.*

*Ich versuche es mit einem versöhnlicheren Ton. Biete ihm sogar eine Zigarette an, die er angewidert ablehnt: »Du brauchst mir nur zu erzählen, was du mit dem Geld anfangen wolltest. Dann lasse ich dich auf jeden Fall frei, darauf hast du mein Ehrenwort.«*

*Keine Reaktion.*

*»Hör zu, Gregor. Warum machst du es dir so schwer? Du willst doch morgen abreisen, oder?«*

*Zähneknirschend murmelt er etwas auf Deutsch vor sich hin.*

*Nun war das Maß bei mir voll: »Du kannst deine Fahrt nach Argentinien vergessen! Ich kriege sowieso raus, was sich hier für ein Dreck abspielt!«*

*Lasse ihn abführen. Verlängere seinen Haftzustand.*

*Reine Vorsichtsmaßnahme.*

**15:00 Uhr**

*Ich lasse ihn in eine neue Zelle versetzen und zwar in unseren sogenannten »Club der Nachtschwärmer«: Das war ein ziemlich weiter Raum im Untergeschoss. Dort brachten wir alle gestrauchelten Typen unter, die wir nachts in den Gassen der Altstadt aufschnappten: Halunken, Alkoholiker, Obdachlose, Schurken, Schmuggler, Dealer, Zuhälter.*

*Ich wollte mich persönlich vergewissern, dass Gregor in Handschellen abgeführt und dort eingesperrt wurde.*

*In der Zelle begann er, wie ein wildes Tier hin und her zu laufen.*

*Dann kam ihm ein Zwergakrobat entgegen, ein Straßenmusiker, der von einer Frau wegen Belästigung angezeigt wurde.*

*Gregor blickte ihn eine Weile schockiert an. Dann schaute er sich um: Die vor Feuchtigkeit nahezu triefenden Zellenwände waren mit unwiederholbaren, teilweise mit Blut gravierten Ausdrücken und obszönen Graffiti beschmiert.*

*Gregor schien darüber ganz entsetzt.*

*Ihm fiel dann ein weiterer Häftling auf, der einen zerknitterten, doch maßgeschneiderten Anzug trug. In der Tat handelte es sich um einen gebildeten, manierlichen*

*Typ, der lediglich bei seinen Entzugsanfällen durchdrehte. Sein Vater war ein angesehener Schifffahrtsunternehmer und sah ihn als Nachfolger seiner Reederei an; deshalb nahm er ihn schon als Junge auf seine Geschäftsreisen in den Orient mit, dort hat er allerdings ziemlich schnell Opium zu sich genommen.*
*Im Zweiten Weltkrieg war er als Sanitätsoffizier auf dem Afrikafeldzug dabei. In Abessinien und Libyen hat er Cannabis als Schmerzmittel an die verwundeten Soldaten verabreicht. Anschließend ist er von den Engländern verletzt und gefangen genommen worden. Nach dem Krieg wurde er drogensüchtig, Morphin und Heroin landeten ja massenweise in Genua, die Matrosen der US Navy hatten sie in Unmengen dabei.*
*In der Altstadt war er wegen seiner unerwarteten Ausraster bekannt. Und doch war er ansonsten ein ruhiger, netter Mensch. In der vorigen Nacht hatten wir ihn, blutig geschlagen und halb bewusstlos, in einer Bartoilette in der Via del Campo aufgefunden. Er hatte sich trotz seines miserablen Zustandes den Polizisten gegenüber kräftig gewehrt. Er landete mindestens zweimal im Monat bei uns und blieb solange im Knast, bis ein Lakai seines Vaters ihn abholte und nach Hause zerrte.*
*In der Zelle lagen noch ein betrunkener, lästiger Eng-*

*länder und ein uns bekannter Faschist, ein ehemaliger Kommandant auf einem U-Boot der 10. Mas-Flottille, der in der Nacht angeblich beschossen wurde und dabei zurückschoss.*

**Aus dem Tagebuch Brenner/Genua**
*His words came truly from the soul of a National Socialist, a man who spoke contemptuosly of the Communist rabble as the severage of the big towns that now controlled Italy.*
(Seine Worte kamen wahrhaftig aus der Seele eines Nationalsozialisten, eines Mannes, der sich voller Verachtung über das kommunistische Gesindel äußerte, diesen Abschaum, der nun die wichtigeren Städten Italiens unter Kontrolle hielt.)

*Alle Häftlinge mussten noch vernommen werden.*
*Wir sperrten die Zelle wieder ab, doch blieb ich noch eine Weile davor stehen und beobachtete Gregor durch einen Türspalt. Nur allzu gern wollte ich mir diesen Deutschen anschauen, den ich mit dem, was die Amerikaner als* the scum of the society *bezeichnen, zusammengepfercht hatte.*
*Er blieb eine Zeit lang stehen, schaute regungslos auf*

*seine Pritsche, in der Hand hielt er zerknittertes Zeitungspapier, das er später für seine körperlichen Bedürfnisse gut hätte brauchen können. Auf die staunenden Blicke der übrigen Inhaftierten ging er gar nicht ein, stattdessen näherte er sich seiner Liege, gab sich Mühe, den Staub von dem besudelten Laken und dem bezugslosen Kissen so gut es ging wegzuklopfen, legte sich schließlich hin und richtete seinen verstörten Blick zur Decke.*
*Ich ließ ihm eine Schüssel Suppe bringen. Und zwar ohne Besteck. Wollte ihn wie ein Hund schlabbern sehen. Das Vergnügen hatte ich doch nicht, ein Polizist eilte zu mir und bat mich dringend ins Büro.*

**15:30 Uhr**
*»Wir haben einen Anruf vom Roten Kreuz bekommen.« kündigt mir Traverso an: »Sie fragten ausschließlich nach Ihnen und wollten unbedingt wissen, was an Gregors Pass nicht in Ordnung ist.«*
*Wer hatte bloß das Rote Kreuz informiert? Wie sind sie überhaupt auf meinen Namen gekommen?*

**16:30 Uhr**
*Ich lasse Gregor in mein Büro schleppen und ihn mitten im Raum stehen. Die Handschellen nehme ich ihm nicht*

*ab, obwohl sie gar nicht nötig sind.*
*Sein Blick verrät Angst und Übermut zugleich.*
*Nur mit großer Mühe widerstehe ich der Versuchung, aufzustehen und ihm ins Gesicht zu spucken.*
*Ich frage ihn erneut nach seinem Arbeitsvertrag in Argentinien.*
*Nichts.*
*Wo wird er arbeiten? Wo wird er wohnen? Was wird er in Buenos Aires tun?*
*Nichts.*
*Ich bitte ihn, mir ein Foto seiner Frau zu zeigen.*
*Nichts.*
*Von seinen Kindern, falls er welche hat.*
*Nichts.*
*Von seiner Mutter.*
*Nichts.*
*Er kommt allerdings sichtbar ins Schwitzen.*
*Ich konnte es nicht fassen: Ich war dabei, einem mutmaßlichen Nazi Angst einzujagen.*
*Vor fünf Jahren hätte ich davon nicht einmal träumen können:*
*Damals fuhr ich fast täglich mit einem schrottreifen Lastwagen, der zur Tarnung Holz transportierte, aus den Wäldern des Trebbia-Tales in die Stadt hinunter*

*und hielt den Kontakt mit den Genossen in den Fabriken aufrecht. So verlief der Informationsaustausch zwischen uns Partisanen und denjenigen, die in den Werken und im Hafen insgeheim den Widerstand unterstützten. Die Alliierten, die aus Mittelitalien vorrückten, warfen uns aus ihren Fliegern Waffen, Lebensmittel, Geld und eben die Botschaften ab, die ich unter den Holzstapeln vergrub und nach Genua brachte. Hätten sie mich erwischt, wäre ich solange blutig gefoltert worden, bis ich ihnen die Namen und den Unterschlupf meiner Genossen ausgeplaudert hätte. Sie hätten mich dafür ins ehemalige Studentenheim verschleppt, einen entsetzlichen, im faschistischen Stil errichteten Bau, den sie zu ihrem Hauptquartier gemacht hatten: Sie rissen den Gefangenen Zähne und Nägel mit einer Zange heraus, schlossen ihnen Stromkabel an die Genitalien an. Wer den Mund hielt, war zu einem langsamen, jämmerlichen Tod verurteilt. Wer von uns gestand, wurde durch einen Kopfschuss begnadigt.*
*Die Faschisten steckten mit den Deutschen unter einer Decke: Die SS-Offiziere stellten die Fragen, die Italiener führten die Strafen aus.*
*Nun hatte sich aber endlich der Wind gedreht.*
*Hier stellte* ich *die Fragen.*

*Doch Gregor dachte nicht im Geringsten daran, den Mund aufzumachen.*
*Er schien sich sicher, bald wieder frei zu werden.*
*Meinerseits war es mir ein für allemal klar, dass ich es mit einem hochrangigen Nazi zu tun hatte.*
*Ich machte ihn erneut darauf aufmerksam, dass sein Schiff am kommenden Tag ohne ihn ablegen würde.*
*»Wo ist dein Gepäck? Wo wohnst du?«*
*Er schweigt.*

*Lasse ihn wieder abführen.*
*Diesmal laufe ich ihm nicht nach.*
*Ich bleibe allein in meinem Büro, brauche eine Zigarette.*
*Und Ruhe.*
*Ich muss nachdenken.*
*Da stürzt Traverso wieder rein: Horst Carlos Fuldner, der Leiter der Argentinischen Einwanderungsabteilung, hat inzwischen ebenfalls angerufen und nach mir gefragt. Er erkundigte sich dabei, wie es um Herrn Gregor bestellt sei.*
*Ein zweiter Polizist tritt ein: Auch der argentinische Konsul hat sich gemeldet und wollte wissen, ob es mit Herrn Gregors Papieren irgendwelche Probleme gäbe. Er stehe jedenfalls zu kompletter Verfügung, um eventu-*

*elle Unebenheiten auf der Stelle zu beseitigen; Hauptsache sei nur, Gregor besteige morgen sein Schiff.*

*Ich lasse mir Gregors persönliche Gegenstände bringen. Schiebe zunächst seinen Ausweis und den Schlüsselbund beiseite und leere seinen Geldbeutel wieder. Zwischen den Dollarscheinen fällt mir erst jetzt ein Zettel mit einer Adresse auf: Via Vincenzo Ricci, Nummer 3. Ich gebe Traverso den Schlüsselbund und den Zettel weiter, er soll sofort hinfahren und sich in der Wohnung genau umschauen.*

**17:30 Uhr**
*Elsa war als einzige als Frau unter uns im Trebbia-Tal. Sie hatte eine eher romantische Vorstellung von der Anarchie, als Spitzname hatte sie sich auch Baku, wohl nach dem russischen Anarchisten Michail Aleksandrovič Bakunin ausgesucht. Sie sprach selten mit uns, dafür las sie trotz der Umstände so oft es nur ging aus ihren Büchern, die sie mitgeschleppt hatte. Sie hatte Texte von Bakunin, Malatesta, Fourier, Rousseau dabei. Sie machte sich bei all ihrem Einsatz keine falschen Hoffnungen: »Die Faschisten werden wohl nie aussterben.«*
*Nach Kriegsende trat sie einer Untergrundorganisation*

*aus ehemaligen Widerstandskämpfern bei: Sie verfolgten in erster Linie entkommene Faschisten- oder Naziverbrecher mit dem Ziel, sie ein für allemal aus dem Verkehr zu ziehen. Es ging das Gerücht, sie würden sowohl vom jugoslawischen Geheimdienst als auch von der Sowjetunion unterstützt und finanziert.*
*Dazu hatte Elsa eine Stelle als Sekretärin bei einer Schiffswerft in Sestri Ponente, einem Industrie- und Arbeiterviertel im Westen der Stadt, bekommen.*

*Sie scheint nicht gerade davon begeistert, mich nach langer Zeit wieder zu treffen, begrüßt mich auch nur halbherzig. Sie trägt Arbeiterkleidung, dazu keinerlei Schmuck. Mir fallen ihre großen Hände und ihre langen Finger auf, dazu ihre eher zarte Haut. Ein französischer Bob-Haarschnitt ist ihr einziges Zugeständnis an ihre Weiblichkeit.*
*Wir schreiten die abgestandenen, übelriechenden Gewässer der Werft entlang, dabei lege ich ohne jede Umschweife über Helmut Gregor los.*
*»Warum suchst du mich auf?«, fragt sie gereizt: »Wir stecken nicht mehr unter derselben Decke, du hast dich eingeordnet. Wir haben uns nichts mehr zu sagen. Abgesehen davon wüsste ich auch nicht, wie ich dir weiterhelfen könnte.«*

»*Du hattest schon damals immer so heftige Reaktionen, bist nach wie vor voller Vorurteile. Das ist doch alles reine, abstrakte Ideologie, die du im Kopf hast. Willst du mir nun konkret dabei helfen, diesem Gregor die Maske abzureißen oder nicht?*«

»*Was redest du da von Ideologie? Ich setze mich mit der Realität auseinander, nur eben von einem unterschiedlichen Standpunkt aus. Ich setze mich für eine endlich ordentliche Gesellschaft ein, für eine neue Menschheit, bei welcher der Unterschied zwischen Untergebenen und Eigentümern ausfällt.*

*Doch dann kommst du auf mich zu, immer noch brav in deiner Uniform, selbst wenn du sie nicht einmal trägst, früher bei der Marine, jetzt bei der Polizei. Fällt es dir wirklich so schwer, von Rangstufen und Abzeichen abzusehen? Ich kann Hierarchien nicht ausstehen: Deshalb denke ich, unsere Wege trennen sich ein für allemal hier.*«

Sie wendet ihren Blick von mir ab, starrt das grünlich stagnierende Gewässer an, zündet sich eine Zigarette an.

»*Findest du es nicht merkwürdig, dass ein Südtiroler die Polizei schmiert, damit er nach Argentinien kommt?*«

Elsa drückt kommentarlos ihre Zigarette aus.

»*Schau dir seinen linken Oberarm an.*«

»*Warum?*«

»Alle SS-Angehörigen mussten sich ihre Blutgruppe innen am linken Oberarm tätowieren lassen. Nach Kriegsende vermischten sie sich mit den gefangenen Wehrmacht-Soldaten, um nicht erwischt zu werden, die Tätowierung hat sie aber entlarvt.«

»Warum sollte sich ein SS-Offizier ausgerechnet eine Stadt wie Genua, die für ihre Widerstandsbewegung sogar die staatliche Goldmedaille bekommen hat, für seine Flucht nach Südamerika aussuchen? Bei uns wimmelt es nur so von US-Militärs, geschweige denn von ehemaligen Befreiungskämpfern. Selbst unsere Stadtregierung...«

»Bist du wirklich so oder tust du nur so?«

»Was soll das heißen?«

»Ich sag es dir nochmal: Schau diesem Gregor unter seinen Arm.«

»Was dann?«

»Das erkläre ich dir erst, wenn du auf die Tätowierung stößt. Allerdings unter einer Bedingung.«

»Und zwar?«

»Dass du den Kerl dann uns überlässt. Wir wissen als Einzige mit ihm umzugehen. Ciao.«

»Das darf ich doch nicht machen.«

»Tu doch nicht so scheinheilig. Gehörst du nicht zu denjenigen, die die Ausweise abstempeln?«

*Unser Gespräch war damit zu Ende. Ich schrieb ihr noch meine beiden Telefonnummern, die von der Hafenpolizei und meine private Nummer, auf.*
*Dann lief ich so schnell wie möglich auf die Station zurück.*

**19:00 Uhr**
*Ich stürze mich ins Untergeschoss hinunter. Aus der Zelle höre ich Schreie und Getöse. Ich schaue mir erst das Spektakel durch den Türspalt an.*
*Gregor kauert regungslos mit weit aufgerissenen Augen auf seiner Pritsche. In seinem Entzug murmelt, nuschelt, flucht der Morphinist vor sich hin.*
*Ein Polizist rennt schon wieder auf mich zu: Ich muss sofort hochkommen. Carbone ist am Telefon.*
*Die lassen mir wohl keine Ruhe.*
*Ich laufe hoch, nehme den Hörer in die Hand. Carbone brüllt wie besessen: »Diesmal hast du es zu weit getrieben. Du hast dir deinen Schwanz selbst in den Arsch gesteckt. Wirst wohl sehen, was aus deinem illegalen Plattengeschäft wird. Du landest noch hinter Gittern. Bin schon auf dem Rückweg, rechne mit dir ab, sobald ich wieder im Hause bin. Inzwischen lass diesen Gregor auf der Stelle frei. Und mach dich auf die Hölle gefasst.«*
*Ich lege auf.*
*Eile wieder ins Untergeschoss.*

**19:15 Uhr**

*Den Morphinisten hört man inzwischen schon aus meinem Büro plärren. Er ist dabei, den Engländer anzupöbeln.*

*Der wohlhabende Junkie war ihm so nahegekommen, dass sie sich Auge in Auge gegenüberstanden. Er brüllte dabei den Engländer an: »Sagt dir der Name Wickers Wellington was?«*

*Er spielte auf den Bombenangriff der RAF auf Genua im Jahr 1942 an. Der faschistische U-Boot-Kommandant schimpfte kräftig mit. Der Engländer war immer noch nicht ganz nüchtern. Er stand taumelnd auf und traf den Süchtigen mit seiner Faust voll ins Gesicht. Der junge Mann knallte auf Gregors Füße hin, der zog sich angewidert zurück. Der Morphinist stand mit blutender Lippe wieder auf: »Wickers Wellington!« brüllte er nochmal. Der Engländer setzte sich auf seine Pritsche, der Zwerg erhob sich und stachelte den Drogenabhängigen an: »Lass dich nur nicht von diesem Briten kleinkriegen. Mach' ihn kalt!«*

*Der junge Mann geriet voll außer sich, schlug mit bloßer Faust das Fenster ein, packte mit blutiger Hand eine Scherbe und ging zähneknirschend auf den Engländer zu, der seinerseits in Stellung ging. Gregor lag, scheinbar ungerührt, weiterhin auf seiner Liege.*

*Der Junkie geht auf den Engländer zu, der Zwerg feuert ihn dazu lautstark an. Endlich eilt Traverso auf mich zu. Wir sperren die Tür auf, setzen dem Chaos ein Ende und holen Gregor raus.*
*Ich stelle ihn nahezu an die Flurwand und frage ihn auf der Stelle: »Wo warst du im Krieg? Warst du bei der Wehrmacht?«*
*Kein Wort.*
*Er soll sein Hemd ausziehen. Einen Augenblick lang habe ich den Eindruck, er würde aggressiv reagieren. Zwei weitere Polizisten kommen dazu, halten ihn fest und reißen ihm das Hemd auf. Ich sehe mir seine Arme genauestens an.*
*Von einer Tätowierung ist jedoch keine Spur.*
*Ich lasse ihn splitternackt ausziehen.*
*Inspiziere jeden Zentimeter auf seiner Haut.*
*Nichts und wieder nichts.*
*Doch fällt mir dabei etwas anderes auf: Seine Pergamenthaut zeigt nirgends eine Impfspur auf.*
*Dabei ist die Impfung für die Ausreise nach Argentinien verbindlich.*
*Die Papiere dazu hat er mir ja auch vorgelegt.*
*Ich schaue mir seine Arme nochmal genau an.*

*Brülle ihm dabei ins Gesicht: Er muss gestehen. Mir die Wahrheit sagen.*
*Ich untersuche ihn, wie es ein Tierarzt mit einem widerspenstigen Vieh tun würde. Inspiziere die Innenseite seiner Ellenbogen genau, seine Ober- und Unterarme, schließlich die Beine.*
*Gregor ist offensichtlich nicht geimpft worden.*
*Die Bescheinigung trägt die Unterschrift eines Arztes aus Kroatien.*
*Den sollen sie mir herbringen.*
*Gregor hat sich inzwischen in aller Ruhe wieder angezogen, sein Blick verrät auch diesmal keinerlei Emotionen. Dabei hatte ihn höchstwahrscheinlich noch keiner in seinem Leben dermaßen gedemütigt.*

**20:30 Uhr**
*Ich kehre in mein Büro mit dem dumpfen Gefühl zurück, mich auf eine allzu große*
*Angelegenheit eingelassen zu haben.*
*Wozu eigentlich?*
*Spielte ich doch nicht mit dem Leben dieses Mannes nur, um meine Frustration loszuwerden? Wäre es nicht höchste Zeit, unter die ganze Geschichte einfach einen Schlusspunkt zu setzen?*

*Die Antwort bekomme ich indirekt von Traverso: Die* North King *habe eine Panne und die Abfahrt sei auf unbestimmte Zeit verschoben.*
*Das ist nun wirklich zu viel.*
*Die ganze Geschichte stinkt von hinten nach vorne.*
*Dieser Gregor sitzt im Knast und sein Schiff wartet auf ihn.*
*Ich habe noch nie an Zufälle geglaubt. In diesem Fall erst recht nicht.*
*Dabei war das längst noch nicht alles: Am selben Nachmittag hatte ein Beauftragter aus dem Erzbistum angerufen und wollte sich unbedingt über Herrn Gregor erkundigen.*
*Hatte ich das richtig verstanden? Aus dem Erzbistum?*
*Es wurde mir allmählich echt Angst und Bange.*
*Hätte ich doch mein Leben auf See nie aufgegeben.*
*Carbones Androhungen hörten sich nunmehr nicht wie leere Worte an.*
*Ich fürchte, es könnte meinem Kind etwas zustoßen.*
*Ich rufe Lina an: »Ich komme bald nach Hause.«*
*Sie erwidert sarkastisch im Genueser Dialekt.*
*Ich bitte sie, den Jungen noch nicht ins Bett zu bringen: »Ich habe Sehnsucht nach ihm. Heute Nacht möchte ich, dass wir alle drei zusammen in unserem Bett schlafen.«*

**22:00 Uhr**

*Ich erwische die letzte Zahnradbahn und fahre nach Hause. Lina hat inzwischen mein Abendessen aufgewärmt, mit einem Teller zugedeckt und auf den Küchentisch gestellt.*

*Sie hat zwar ihre grimmige Miene aufgesetzt, doch weiß ich genau, sie freut sich, dass ich wieder da bin. Unserem Jungen geht es jedoch überhaupt nicht gut. Ich nehme ihn in den Arm, gebe ihm einen Kuss und lege ihn ins Bett. Es dauert eine Weile, bis er einschläft.*

*Ich setze mich zu Tisch.*

*Da klingelt gleich das Telefon.*

*Lina gibt mir auf Handzeichen zu verstehen, ich soll ruhig sitzen bleiben und weiteressen: Sie geht schon ran.*

*Es dauert scheinbar eine Ewigkeit, bis sie wieder auftaucht: sie ist vor Wut knallrot im Gesicht: »Es ist für dich. Eine Frau!«*

*Elsa fasst sich kurz: Sie muss mir dringend etwas Wichtiges mitteilen und wartet auf mich in einer Bar, die ich auch gut kenne.*

*Ich lasse das Essen stehen und eile wieder aus dem Haus, überhöre dabei lieber, was mir Lina hinterherschreit.*

**23:00 Uhr**
*In der Bar in Sampierdarena sitzen lauter Arbeiter und Gewerkschaftler. Ich fühle mich in ihrer Gesellschaft nicht richtig wohl, bin in ihren Augen immerhin ein Bulle, ein Untertan der Machtleute.*
*Vor der Bartür nehme ich lieber meine Krawatte ab.*
*Elsa sitzt auf einem Hocker am Tresen. Bei ihr sitzt ein Unbekannter. Sie kommt auf mich zu, wir nehmen an einem abgelegenen Tisch Platz.*
*Ich brauche nichts zu bestellen, sie muss gleich wieder gehen:* »*Hast du die Tätowierung entdeckt?*«
»*Nein. Ich hätte dir doch Bescheid gesagt. Andererseits…*«
»*Andererseits?*«
»*Habe ich auch keine Impfzeichen aufgedeckt. Ohne Impfung darfst du nicht nach Amerika. Gregors Bescheinigung trägt die Unterschrift eines Arztes aus Kroatien. Den lasse ich morgen früh zu mir.*«
»*Sagtest du ein Kroate?*«
»*Ja. Warum?*«
»*In dieser Stadt sind wohl zu viele Kroaten unterwegs.*«
»*Und was ist daran verkehrt?*«
»*Hast du zum Beispiel von einem Monsignore Karlo Petranović jemals gehört?*«

*»Nein. Was ist mit ihm?«*

*»Er wohnt seit drei Jahren in Genua. Davor war er Hauptmann bei den Ustascha von Ante Pavelić und Mitarbeiter desselben Ustascha-Führers. Er war am Massaker von 2000 Serben in Ogulin beteiligt: Die Jugoslawen haben eindeutige Beweise dafür.*

*Später gelang es ihm, aus verschiedenen Gefangenenlagern der Alliierten, Sowjets und Jugoslawen immer wieder auszubrechen. Dank eines Empfehlungsschreibens des Mailänder Kardinals Ildebrando Schuster ist er schließlich in Genua gelandet, wird hier dank Siris Wohlwollen hospitiert.«*

*»Siri? Meinst du den Erzbischof?«*

*»Wen denn sonst? Er hat zwei Organisationen gegründet, die er auch persönlich leitet: der Auxilium- und der Onarmoverband unterstützen offiziell Bedürftige, so nennen sie die Arbeitslosen. Stattdessen setzen sie sich für Kriegsverbrecher, Nazis, Faschisten aus Frankreich ein. Und für die Ustascha, die Kroaten eben. Petranović ist im Benediktinerkloster Boschetto oberhalb von Fegino untergebracht. Er darf auch den schwarzen Mercedes mit dem diplomatischem Kennzeichen des Vatikans benutzen. Ein Fahrer, der ihm auch als Leibwächter dient, steht ihm rund um die Uhr zur Verfügung. Er reist*

*oft nachts nach Rom und kehrt angeblich mit einem Diplomatenkoffer voller gefälschter Ausweise zurück, die für seine Lieblingsflüchtlinge bestimmt sind. Er unterhält dabei persönliche Beziehungen zwischen dem Roten Kreuz, dem Auxilium, der DAIE und dem Nationalen Auswanderungsausschuss in Argentinien.«*

*Ich kannte den Auxiliumverband gut. Es handelte sich um einen Wohlfahrtsverein mit einer Stelle am Bahnhof Principe. Ich wusste, er half auch zahlreichen ehrlichen Verzweifelten bei der Auswanderung.*

*»Durch diese beiden Organisationen deckt das Genueser Bistum ein regelrechtes Fluchtnetzwerk für diese Dreckshunde ab.«*

*»Hast du Beweise dafür?«*

*»Die Informationen über Petranović haben wir von den Genossen der Sozialistischen Föderativen Republik Jugoslawien. Sie haben sich bei uns in Italien unter die Flüchtlinge aus Istrien gemischt, arbeiten für Belgrad und den Marschall Tito. Ihre Aufgabe ist es, die Flucht der Ustascha nach Südamerika zu verhindern.«*

*Elsa steht auf.*

*»War das alles, was du mir erzählen wolltest?«*

*»Nein, ich wollte dir eigentlich auch etwas anderes zeigen, das jeden Zweifel ausräumen würde. Doch ist es*

*dafür noch nicht an der Zeit.«*
*Elsa verabschiedet sich, ich bleibe noch ein paar Minuten in der verkommenen, verrauchten Bar unter fremden Gesichtern sitzen.*
*Ich fühle mich beobachtet.*
*Denke wieder an meinen Buben, der mit heftigen Schmerzen in seinem Bett liegt.*

**In der Nacht zwischen dem 24. und dem 25. Mai**
*Um die Zeit fährt keine Straßenbahn mehr, muss zu Fuß nach Hause. Lausche dem Geräusch meiner Schritte auf dem Gehsteig und meiner Grübelei; die Möwen kreischen, als wollten sie die Finsternis durchbrechen.*
*Ich hatte mir vorgestellt, mit Kriegsende wäre auch jede Abscheulichkeit zu einem Ende gekommen.*
*War wohl ein Irrtum.*
*Ich fürchte, Elsa hat Recht: Ein Ende wird es nie geben. Ich werde der ganzen Geschichte langsam überdrüssig; habe ja auch schon einiges hinter mir, von den Seestürmen mitten im Atlantik bis zum unaufhörlichen Risiko, von den Nazifaschisten erwischt zu werden.*
*Endlich stehe ich vor der Haustüre. Sie ist von innen verschlossen.*
*Ich klopfe.*

*Mehrmals.*
*Lina steht dahinter und weigert sich, mir aufzumachen: »Geh doch zu ihr, du Schuft! Lass dich hier nicht mehr blicken.«*
*»Lass mich bitte rein, was ist denn bloß in dich gefahren?«*
*Ich höre einen Nachbarn toben und möchte lieber nicht für Aufregung sorgen.*
*Vor allem möchte ich nicht, dass mein Kind aufwacht und uns mitten im Streit überrascht.*
*Ich mache mich lieber gleich auf den Weg ins Büro, muss mindestens ein paar Stunden schlafen.*
*Auf der Station bin ich auf einmal wieder hellmunter.*
*Jetzt oder nie, denke ich mir dabei: Gehe in Carbones Büro rüber. Schaue überall hin, in der festen Überzeugung, Beweismaterial für seine Affären zu finden.*
*Nichts.*
*Todmüde lasse ich mich in einen Sessel fallen und schlafe auf der Stelle ein. Ich träume von mir als vier-, vielleicht fünfjährigem Kind, das auf der Wiese vor der Villa einer wohlhabenden Dame spielt. Die unbekannte Frau verlangt von mir, dass ich Mama zu ihr sage. Es ist Sommer. Vor mir sehe ich einen Steinbrunnen mit einem schmiedeeisernen Bogen darüber, an dem ein Seil mit einem Eimer festgemacht ist. Auf dem oberen Teil*

*des Bogens hat sich ein Spatz niedergelassen, regungslos, scheinbar ausgestopft. Er beginnt, hin und her zu schwanken. Behutsam lässt er sich in das weit aufgerissene Maul einer Schlange fallen, als hätte sie ihn hypnotisiert.*
*Die Schlange würgt ihn hinunter.*
*Ich wache dabei schweißgebadet auf.*

## 25. Mai, 7:00 Uhr
*Ich werde von einem unerwarteten Geräusch geweckt. Fehlalarm.*
*Ich bitte einen Kollegen um einen Kaffee. Fühle mich total verschlafen. Im Flur steht die übliche Schar für ein Ausreisevisum Schlange.*
*Ich gehe raus: die Hafenluft trieft vor dem stechenden Geruch der Abgase aus den Schiffen und dem süßlichen Gestank von den Kohle-, Benzin- und Kerosindampfern. Schleiche mich eilig am Gedränge vorbei und hoffe nur, dass Gregors* North King *doch noch pünktlich in ein paar Stunden ablegt.*
*Möchte mich persönlich nach dem vermeintlichen Schaden auf dem Schiff erkundigen und will vor allem nachsehen, ob die Panne inzwischen beseitigt ist. Ich erreiche den Libia-Kai, da liegt das Schiff vor Anker.*

*Auf dem Anlegeplatz umkreisen mehrere Passagiere ein Besatzungsmitglied. Ich geselle mich zu ihnen. Ein kreolischer Unteroffizier drückt sich in einem Kauderwelsch aus Portugiesisch, Spanisch und Französisch aus: »Maschine kaputt, Abfahrt nicht heute.«*
*Eine vollbepackte Frau mit zwei Kindern fragt, wann es soweit sein wird. »Niemand weiß, niemand weiß.«*
*»Was ist mit dem Schiff los?«, frage ich den Unteroffizier auf Spanisch.*
*Er wirft mir einen abschätzigen Blick zu.*
*Ich wiederhole meine Frage.*
*Bekomme immer noch keine Antwort.*
*»Ich möchte den Kapitän sprechen.«*
*Der Unteroffizier ignoriert mich weiterhin.*
*Ich bin dabei, meinen Polizei-Ausweis herauszuziehen, da sehe ich schon wieder Traverso auf mich zurennen. Ich muss sofort zurück. In Gregors Zelle sei die Hölle los. Halte ich jetzt für belanglos.*
*Traverso besteht darauf: »Glauben Sie mir, es muss sein.«*
*Der Wachmann stoppt mich vor der Zellentür: »Tut mir Leid, Sie dürfen sich nicht mehr um Helmut Gregor kümmern.«*
*»So? Und wer sagt das?«*

»Herr Inspektor Carbone.«
»Der ist doch auf Sizilien!«
»Eben nicht. Er hat den ersten Zug hierher genommen und wird in Kürze antreten.«
»Ich schaue nur schnell nach, was sich in der Zelle abspielt. Den Schlüssel bitte!«
»Ich bedauere, ich bin dazu nicht berechtigt.«
*Versuche, den Wachmann zu bedrängen.*
»Tut mir Leid. Ich gehe nur einem Befehl nach.«

## 10:00 Uhr

*Traverso betritt mein Büro; Bei ihm stehen ein zweiter Polizeibeamter und ein unbekannter, kräftiger, kahler Typ.*
*Das ist der Arzt aus Kroatien.*
*Ich frage ihn nach seinen Aufgaben und seinen persönlichen Daten.*
*Er verweigert mir jede Aussage: Er sei kein Verbrecher und verlange einen Anwalt.*
*Ich bringe ihn energisch zur Ruhe.*
*Daraufhin lasse ich Gregor raufbringen.*
*Lasse ihn neben dem Arzt stehen, nehme ihm auch diesmal die Handschellen nicht ab.*
»Kennen Sie diesen Mann?«, *frage ich den Arzt.*

*»Nein. Nie gesehen.«*

*Gregor sieht ihn ungerührt an.*

*Der Kroate meidet hingegen seinen Blick.*

*Ich halte ihm die Impfbescheinigung mit seiner Unterschrift unter die Nase.*

*Dann zwinge ich Gregor, sein Hemd auszuziehen und seine bloßen Arme zu zeigen.*

*»Wo haben Sie diesen Mann geimpft?«*

*Der Arzt gibt nur ein Achselzucken von sich: Er unterschreibe täglich Hunderte von Impfbescheinigungen, die nicht von ihm, sondern von Krankenschwestern, Nonnen, Wehrdienstpflichtigen ausgeführt werden: Wie soll er sich an diesen Mann erinnern?*

*»Er ist aber nicht geimpft worden.«*

*Wieder sein Schulterzucken.*

*»Sie haben widerrechtlich gehandelt.«*

*Er starrt mich herausfordernd an. Ich provoziere Gregor energisch: »Wieviel haben Sie ihm für den gefälschten Wisch gegeben? Ebenfalls 20.000 Lire?«*

*Gregor scheint gereizt, doch macht ihn inzwischen die ganze Geschichte so fertig, dass er kein Wort über die Lippen bringt.*

*»Traverso, bringe ihn wieder runter!«*

*Der Kroate geht zur Tür.*
*Ich halte ihn auf.*
*»Wie können Sie es wagen, mich hier aufzuhalten? Und Sie sprechen von Recht? Das ist Entführung!«*
*Ich blicke ihn schweigend an. Da fallen mir Elsas Worte über die kroatischen Flüchtlinge ein, über die Massaker der Ustascha, über Monsignore Petranović, über die vermeintliche Flucht von Ante Pavelić aus Genua.*
*Ich würde ihn nur allzu gerne über seine Vergangenheit ausfragen.*
*Doch lasse ich ihn zunächst gehen: »Sie stehen uns jedenfalls weiterhin zur Verfügung.«*
*Endlich allein, setze ich mich in den Sessel und mache die Augen zu.*
*Ich sehe das Gesicht meines Sohnes vor mir. Wäre dabei wahrscheinlich in düstere Gedanken versunken, da kommt der gute Traverso wieder rein mit der Nachricht, in der Bar der Camalli, der Hafenauslader, warte eine Person auf mich.*
*Ich nehme meine Krawatte ab, ziehe die Jacke aus und eile zu Elsa.*

**11:00 Uhr**
*Elsa zieht ein Dokument aus ihrer Handtasche.*
*Ich bestelle mir einen Kaffee mit Sambuca und lese daraus:*

*SUBJECT:*
*Vatican sponsored International Immigration Organisation.*

> *SECRET CONTROL*
> *CENTRAL INTELLIGENCE GROUP*
> *New War Department building*
> *Washington 25, D.C.*
> *DATE OF REPORT: November 1946.*

»Wo hast du das her?«
»Lies doch. Du hast wohl mit Englisch keine Schwierigkeiten.«

Die Amerikaner hatten in Genua eine Organisation identifiziert, die den Zweck hatte, die Emigration antikommunistischer Europäer nach Südamerika, insbesondere nach Argentinien, Brasilien, Paraguay, Peru zu ermöglichen.

*In ihrem Bericht war unmissverständlich von hochrangigen Faschisten und anderen politisch beteiligten Personen die Rede, die unter »kirchlichem Schutz« standen. Ihre Namen waren kompromisslos aufgezählt. Ein Verband (ONARMO - Nationale Organisation für religiöse und moralische Hilfe den Arbeitern gegenüber) wurde*

*dabei erwähnt, den der Erzbischof von Genua, Monsignore Siri unter anderem mit dem Ziel gegründet hatte, den Einfluss der Kommunistischen Partei auf die Arbeiter in den Stahlwerken und Werften einzuschränken. Nach kürzester Zeit fungierte jedoch der Verband ebenfalls als eine Art Tarnorganisation, die mutmaßlichen Kriegsverbrechern zur Auswanderung verhalf.*
*Der ONARMO wurde von Reedern, Aristokraten und Industriellen finanziell unterstützt. Unter den verschiedenen Namen, die dabei aufgelistet waren, fiel mir der von Rocco Piaggio auf: Er war Werfteigentümer, Unternehmer in der mechanischen Industrie, ein bedeutender Sprössling der Dynastie, die wenige Jahre später die Vespa entwickelt hatte.*
*Auf dem selben Papier stach noch der Name Costa hervor, der womöglich auf Angelo Costa, den Eigentümer einer beachtlichen Flotte an Fracht- und Passagierschiffen, verwies.*
*Zum Schluss, ohne jede Umschweife: der Vatikan.*

*Ich blicke Elsa nahezu schockiert an.*
*»Glaubst du mir jetzt?«, kommentiert sie.*
*»Darf ich das Dokument behalten?«*
*»Wie kommst du darauf.«*

*»Als Polizeibeamter habe ich die Pflicht, diesem Missstand nachzugehen und zu versuchen, ihm ein Ende zu setzen.«, sage ich dazu.*
*»Danke, das machen wir lieber selbst.«, entgegnet sie.*
*Ich reiche ihr das Dokument zurück. Ich muss fast speien bei der Vorstellung, das Kreuz Christi und das Hakenkreuz seien ineinander verflochten.*
*Nun konnte und durfte ich mir nichts mehr einreden.*
*Im Gegensatz zu Elsa war ich jedoch auch nicht mehr dazu bereit, mich kopfüber in den Kampf um Wahrheit und Gerechtigkeit im Alleingang zu stürzen. Elsa hatte mir eine Realität dargestellt, die mich wörtlich entsetzte, der gegenüber ich allerdings machtlos war.*
*Daher wollte ich nur noch zu meinem Jungen, den ich nahezu zum Waisen gemacht hatte.*
*Elsa nimmt noch ein Foto aus ihrer Tasche.*
*»Kennst du diesen Kurt?«*
*Ich zucke zusammen.*
*Das ist der Mann, der Gregor zu mir eskortiert hat.*
*Der Mann, dem ich wahrscheinlich den ganzen Wirbel zu verdanken habe.*
*Der Mann, der vermutlich die Argentinier und das Rote Kreuz über die Verhaftung von Gregor informiert hat.*
*Der Mann, der mit Carbone unter einer Decke steckt?*

»Wir sind diesem Nazi schon monatelang auf der Spur. Wir wissen, wie er richtig heißt und dass er in der Via Vincenzo Ricci wohnt.«
Wieder zucke ich zusammen.
»Sagt dir die Adresse auch was?«
Ich sage lieber nichts dazu und verabschiede mich: »Lass mich bitte ein paar Stunden nachdenken. Möchte jetzt zu meinem Kind nach Hause.«
Elsa durchsticht mich mit ihrem Blick: »Gerade jetzt fällt dir ein, dass du einen Sohn hast?«
»Er leidet an einer schweren Blinddarmentzündung. Es besteht Sepsisgefahr. Wir warten nur darauf, dass im Krankenhaus ein Bett frei wird, er muss dringend operiert werden.«
»Hör zu, wir könnten uns diesen Kurt ohne Weiteres selbst schnappen und erledigen. Doch wir sind die Rebellen, die Bande aus dem Untergrund. Wenn du es schaffst, sieht es ganz anders aus. Das ließe sich auch international nicht vertuschen.«
»Ich wiederhole: Gib mir bitte nur ein paar Stunden Zeit. Ich melde mich hundertprozentig noch.«

**12:30 Uhr**

Die Wohnungstür ist immer noch von innen verschlossen. Lina steht voller Wut dahinter. Ich sei wohl eine

*Drecksau, sie habe Beweise dafür und würde mich auch anzeigen.*
*»Mach auf, oder ich trete die Tür ein!«*
*Sie schämt sich vor den Nachbarn und sperrt endlich auf. Ich laufe direkt zu meinem Sohn. Er liegt mit hohem Fieber im Bett. Ich umarme ihn, küsse ihn. Er scheint sich über meine Warmherzigkeit zu freuen und lächelt mich an. Auf dem Nachttisch liegt eine Ausgabe des »Corriere dei Piccoli«. Ich lese ihm ein paar Seiten daraus vor, er schläft in wenigen Minuten ein. Ich lege mich neben ihn hin, indessen hantiert Lina in der Küche und macht mit Absicht einen Riesenlärm. Sie lässt einen Teller fallen, stellt das Radio auf volle Lautstärke.*
*Ich bin trotzdem so geschafft, dass ich in den Armen meines Kindes einschlafe.*
*Das Telefon klingelt. Ich wache auf. Mein Junge schläft fest, Lina ist offensichtlich aus dem Haus. Ich geh ran. Traverso ist aus der Via Ricci mit Gregors Gepäck zurück.*

## 15:30 Uhr
*Auf meinem Schreibtisch stehen ein Koffer und eine Ledertasche mit Zahlenschloss. Als erstes mache ich den Koffer auf: Wäsche, ein seidener Bademantel, Hem-*

*den, ein halbes Dutzend Schallplatten: Italienische Oper, Rossini, Bellini. Dann noch ein Etui mit französischen und deutschen Kosmetika: Kölnisch Wasser, Körpercremes, Rasierer, Scheren, ein kleiner Spiegel mit Perlmuttrahmen.*

»*Was sagst du dazu?*«, *frage ich Traverso.*

»*Gregor sieht nicht gerade wie ein Homosexueller aus.*«
*Ich errate problemlos die Kombination des Zahlenschlosses und öffne die schwarze Tasche:*
*Ein Stethoskop, Röntgenaufnahmen, Dias, Reagenzgläser, Ampullen. Blut- und Gewebeproben. Dazu ein Mikroskop und zwei Notizbücher voller Aufzeichnungen in deutscher Sprache.*
*Die Tasche ist mit einem Aufkleber versehen: Histopathologische Präparate für einen Medizinstudenten. Kein kommerzieller Wert.*
*Was soll das heißen? War Gregor nicht Mechaniker?*
*Bevor ich wieder zu ihm laufe, lasse ich meine Schallplatten, den Plattenspieler und all das verschwinden, was auf meinen Handel hinweist und Carbone als Beweismaterial nutzen könnte. Ich packe alles in einen Karton mit der Aufschrift der beschlagnahmten Zigarettenmarke* »*Muratti*« .
*Daraufhin bringe ich alles in einem Raum im Unterge-*

*schoss unter, in dem wir alle konfiszierten Waren lagern.*
*Aus Gregors Zelle kommt immer noch Gebrüll.*
*Ich deute Traverso, der mir nachgekommen ist, darauf hin, einen Augenblick zu warten, bevor wir reinstürmen.*
*Ich war zu allem bereit; mit jedem Mittel musste ich Gregor zum Gestehen zwingen.*

**16:30 Uhr**
*Dank Traversos Hilfe habe ich den widerspenstigen Scheinsüdtiroler buchstäblich von seiner Pritsche gerissen und in einen nebenan freistehenden Raum geschleppt.*
*Ich lasse ihn mitten im fensterlosen Zimmers stehen; die Glühbirne, die über seinem Kopf hängt, gibt ein eher düsteres Licht von sich.*
*Gregor fragt mich nach einem Schluck Wasser.*
*»Erzähle mir zuerst über deine Geldscheine.«*
*Ich setze mich hin, zünde mir eine Zigarette an.*
*Blase ihm den Rauch ins Gesicht.*
*Er hustet, greift sich an die Kehle.*
*Zählt das schon als Folter?*
*Wie dem auch sei:* À la guerre comme à la guerre: *Jetzt oder nie.*
*Ich habe den Eindruck, er möchte endlich aussagen.*

*Mit scheinbarer Großmut lösche ich die Zigarette aus und lehne mich in meinem Stuhl zurück:* »*Ich höre dir zu.*«
*In seinem nervigen Französisch bittet er -er* bittet *mich!- ihm zu erklären, warum er in Haft steht.*
»*Ich stelle hier die Fragen.*«, *erwidere ich in typischem Bullenjargon.*
»*Glauben Sie mir doch, ich habe die Scheine einfach in meinem Pass vergessen.*«, *gibt er resigniert von sich.*
»*Meine Papiere sind ja auch in Ordnung, ich hätte keinen Grund, jemanden zu bestechen.*«
»*Und was ist mit der Impfung?*«, *schreie ich ihn an.*
*Ich stehe auf, muss mich der Versuchung widersetzen, ihn totzuschlagen.*
*Da stürmt ein Polizist in den Raum:* »*Ihr Sohn liegt auf der Notstation im Krankenhaus Galliera. Eine Frau, ihre Frau nehme ich an, hat soeben angerufen.*«
*Ich drücke die Zigarette auf dem Boden aus und Traverso schleppt Gregor wieder in seine Zelle zurück.*

**17:45 Uhr**
*Die Straßenbahn lässt auf sich warten. Da mache ich mich zu Fuß auf den Weg ins Krankenhaus. Auf der Piazza Caricamento hält ein Auto an meiner Rechten an. Auf dem Beifahrersitz erkenne ich Elsa:* »*Los, steig ein.*«

»Ich muss zu meinem Sohn ins Krankenhaus. Fahrt mich zu ihm.«
»Dein Sohn liegt zu Hause im Bett, ihm geht es den Umständen entsprechend gut, mach dir darüber keine Sorgen.«
Ich bin verärgert und erleichtert zugleich.
»Wir wissen, wo sich Kurt nun aufhält: Rein mit dir!«

## 18:00 Uhr

*Wir fahren die Via San Lorenzo hoch und über die Piazza De Ferrari bis zum in Trümmern liegenden Carlo-Felice-Theater. Dort steigt ein Mann in Arbeiterkleidung aus seiner Lambretta ab, übergibt Elsa den Schlüssel und setzt sich ins Auto:* »Wir warten hier auf euch.«
*Kurt sitzt an einem Tisch vor einem Café in der Galleria Mazzini. Wir kommen näher an ihn heran:* »Er hockt schon seit ein paar Stunden da. Nur zweimal ist er aufgestanden, einmal musste er auf die Toilette, dann ging er ans Telefon.«

## 18:20 Uhr

*Elsa und ich setzen uns an einen Tisch vor dem gegenüberliegenden Café; Kurt darf mich keinesfalls erkennen. Ich gehe in die Bar hinein und frage nach einem Telefon,*

*möchte unbedingt Lina sprechen. Ich entschuldige mich bei ihr. Als sei ich ein waschechter Polizist, erzähle ich ihr, dass ich einen wichtigen Fall habe. Einen äußerst wichtigen sogar. Ich verspreche ihr, ich erledige die Sache so schnell wie möglich. Ich bitte sie um Verständnis und auch darum, unserem Buben einen Kuss von mir zu geben.*
*Ihre Antwort lässt sich nicht ohne Weiteres wiederholen, das gibt sich aber wieder.*
*Ich setze mich wieder zu Elsa; sie lässt Kurt keine Sekunde aus den Augen, während ich ihm notgedrungen den Rücken zuwende. Es wird allmählich dunkel. Elsa beobachtet jede Bewegung Kurts und berichtet mir ausführlichst über sein Tun:* »Nun hat er ein Glas Wein bestellt.« *Ich widerstehe der Versuchung, mich umzudrehen, um hundertprozentig sicher zu sein, dass es sich tatsächlich um Gregors Kumpel handelt.*
»Jetzt schreibt er auf ein Blatt Papier. Er hat sich eine Zigarette angezündet.«
*Ich zünde mir auch eine an. Elsa sieht aus wie ein wildes Tier, das gleich auf ihre Beute zuspringt.*
*Fast eine halbe Stunde lang tauschen wir kein einziges Wort aus.*
*Eine Menschenmenge strömt durch die Passage. Ein*

*Paar bleibt zwischen Kurt und uns stehen. Elsa rückt den Kopf etwas zur Seite, damit sie ihn im Blick behält. Behutsam rutscht sie mit dem Stuhl ein paar Zentimeter zur Seite, damit sie jede Regung von ihm weiterhin verfolgen kann.*
*Sie fordert mich auf, ihre Hand zu halten.*
*Ich reagiere etwas verstört darauf.*
*Sie rückt mir näher, als würde sie mich küssen, nimmt dabei meine Hand:* »Streichle mich.«
*Ich nehme ihre Hand.*
»Er hat uns bemerkt. Wir sitzen schon zu lange hier. Komm, jetzt küss mich!«
*Ich neige meine Lippen zu ihr. Sie zieht sich ein wenig zurück:* »Lass dem Kellner etwas Trinkgeld auf dem Tisch.«*, flüstert sie mir ins Ohr.*
*Ich greife nach meinem Geldbeutel.*
»Nicht so hastig. Streiche mir übers Haar, schau mir tief in die Augen, als würdest du mich um Verzeihung bitten.«
*Ich führe ihre Aufforderung nicht ungern aus.*
»So machst du es gut. Er sitzt immer noch da und schreibt.«
»Was hast du eigentlich vor?«*, frage ich sie.*
»Wir versuchen, ihn zu schnappen. Jetzt gleich.«

»Ich darf aber nicht mitmachen.«
Ich stehe auf. Sie zerrt an meiner Jacke und zieht mich wieder runter.
»So ist das richtig! Wir sehen wie zwei plänkelnde Liebhaber aus.«
»Und was macht ihr dann mit ihm?«
Darauf gibt sie mir keine Antwort
Ich denke, sie wissen es auch nicht so genau.
»Wir quetschen ihn eben aus.«, erwidert sie schließlich. »Mit welchen Mitteln auch immer. Dieser Nazi muss uns erzählen, was er hier bei uns zu suchen hat. Wer ihn dafür bezahlt. Wo seine Kameraden stecken. Zum Schluss quetschen wir ihn über Gregor aus.«
»Und was dann?«
»Dann schenken wir ihn dir. Und du, als anständiger Polizist, reichst ihn an die Justizbehörde weiter. Im Moment darfst du es noch nicht tun.«
Allein der Gedanke daran macht mich total unruhig.
»Rühr dich nicht! Ein Typ hat sich zu ihm gesellt.«
Ich halte es nicht mehr aus und drehe mich um. Ein großer, schlanker Mann in einer Art dunkler Uniform und mit einem schwarzen Hut auf dem Kopf steht nun an seinem Tisch. Kurt ruft den Kellner, bezahlt und steht auf.

**19:30 Uhr**
*Kurt folgt dem livrierten Fahrer bis zu einem schwarzen Mercedes mit Diplomatenkennzeichen, der dicht an unserem Fiat geparkt hat.*
*Er nimmt auf dem Rücksitz Platz.*

*Elsa bittet mich, nun in vertraulichem, nahezu verschwörerischem Ton, mit auf die Lambretta zu steigen. Wir fahren dem Mercedes nach, der sich gemächlich zum nahegelegenen Sitz des Erzbischofs bewegt. Dort öffnet ein Portier das schwere Tor, das Auto fährt hinein, die massiven Holztüren schließen sich hinter ihm wieder.*
»Was jetzt?«, frage ich Elsa.
»Du bist doch der Polizist!«
War ich nicht. War noch nie einer gewesen.
»Als Erstes schaue ich nach, ob der erzbischöfliche Palast eine Notausfahrt hat.«
»Warum denn? Kurt ahnt nicht im Geringsten, dass wir ihm hinterher sind. Er wird ganz normal wieder aus dem Haupttor herausfahren. Fragt sich nur wann.«
*Es bleibt uns nichts anderes übrig, als auf ihn zu warten. Wir setzen uns an einen Tisch vor einem Café auf der Piazza Matteotti, von dort aus haben wir das Tor voll im Auge.*

*Der Fiat kriecht an uns vorbei. Elsa wirft einen Blick auf ihre Kumpels. Es ist mittlerweile stockfinster. Auf der Straße sind nur noch hier und dort ein paar Leute unterwegs. Elsa bittet mich um eine Zigarette. Sie sieht mich forschend an. Ihr Blick schweift dann zum Erzbistum zurück:* »Kurt war Mitglied des NS-Sicherheitsdienstes. Ich nehme an, er ist gerade dabei, die Freilassung deines Gregor zu arrangieren.«
*Ich schwanke zwischen Wut und Resignation.*
»Die eigentlichen Drahtzieher sitzen allerdings nicht hier. Sie haben sich in Rom niedergelassen und werden vom Vatikan behütet.«
*Elsa zögert einen Augenblick. Sie ist sich nicht sicher, ob sie mir alles anvertrauen darf oder nicht. Sie fährt dann doch mit dem Erzählen fort* »Zahlreiche Ustascha ergreifen von Genua aus die Flucht nach Südamerika. Ihr Schutzengel in Rom heißt Krunoslav Draganović, ein Priester: Die US-Geheimdienste haben ihn als ›Alter Ego‹ von Pavelić eingestuft, da er während des Krieges zum Oberst bei den Ustascha avancierte.
Karlo Petranović, von dem habe ich dir ja bereits erzählt, ist sein Agent hier in Genua und vertritt gleichzeitig den Auxiliumverband.«
»Und woher hast du all die Informationen?«

*»Das habe ich dir auch schon gesagt: Von den Jugoslawen. Marschall Tito hat all diesen Dreckskerlen seine Agenten auf den Hals gehetzt. Er will einerseits die massakrierten Serben rächen und gleichzeitig die abgewanderten Vermögen zumindest teilweise wieder nach Hause bringen.«*
*»Wenn man dich so anhört, dann denkt man, die Alliierten hätten den Krieg verloren. Ahnen die Amerikaner und Engländer von nichts?«*
*»Doch. Sie halten sich aber zurück.«*
*»Das kann doch nicht sein.«*
*»Warum nicht? Kroatien, oder nenn es jetzt Jugoslawien, steht nun unter den Russen. Und der neue Feind der westlichen Alliierten heißt nun Stalin, Sowjetunion.«*
*Ich teile ihren Eifer zwar nicht, doch hat das, was sie sagt, leider durchaus Sinn.*
*Wir bleiben noch eine Ewigkeit am Cafétisch sitzen, die Bar hat inzwischen längst zugemacht. Zum Schluss stehen wir doch auf, verweilen allerdings in angemessenem Abstand zum erzbischöflichen Palast.*
*Von Zeit zu Zeit schaut Elsa zu ihren Gefährten ins Auto. Sie erwidern ihren Blick, ohne sich zu rühren.*

**20:45 Uhr**

*Endlich geht das Tor auf. Der Mercedes fährt heraus. Kurt sitzt immer noch hinten, auf dem Beifahrersitz hat ein dritter Mann Platz genommen, der hat uns womöglich bemerkt.*

*Wir fahren auf der Lambretta dem Mercedes auf der Via San Lorenzo nach; der Wagen biegt nach rechts ab, Richtung Weststadt. Er fährt am Hafen entlang und am Hafenbahnhof vorbei.*

*Hinter uns der Fiat mit unseren Gefährten und ein Guzzi-Motorrad.*

*Die Straßen sind so gut wie leer. Wir erreichen Sampierdarena, das Arbeiterviertel, in dem die Kommunisten und Sozialisten bei der letzten Wahl eine sowjetische Mehrheit errungen haben.*

*Nun fährt ein unbestrafter Nazi höhnisch in einem protzigen Mercedes durch die Straßen ihres Stadtteils.*

*Über der Corngliano-Brücke biegt der Wagen nach rechts in eine schmale, kurvige Straße ab, die den Hügel von Coronata hinaufkriecht. Unterhalb von uns liegen die zerbombten Ansaldo-Werke. Vor der Klosterkirche Boschetto hält der Mercedes an. Der Fiat und das Motorrad sind bereits ein Stück weiter unten stehengeblieben.*

*Wir steigen von der Lambretta ab und stehen uns so nah,*

*dass wir uns leicht küssen könnten. Sie drängt mich, sie zu umarmen.*
*Zwei Ganoven öffnen das dicke Holztor. Der Mercedes schlüpft hinein. Die beiden halten sich vor der Kirche auf.*
*Elsa ist sich ihrer Sache sicher:* »Das sind Kroaten. Ustascha. Petranovićs Leibwächter. Dieser verdammte Betbruder wohnt ja hier.«
*Wir haben weit mehr als eine Stunde gewartet. Ich hatte nichts in den Magen bekommen. War fix und fertig. Elsa hingegen war voll konzentriert bei der Sache und brachte kein Wort über die Lippen.*
*Von Kurt immer noch keine Spur.*
»Was sollen wir tun?«*, frage ich sie.*
»Wenn du's nicht weißt. Ich bin doch kein Bulle.«
*Ich konnte ihre überhebliche Haltung nicht mehr ausstehen. Zudem dachte ich ständig an meinen Sohn, an meine Frau, die nichts mehr von mir wissen wollte. Und an Carbone, der am kommenden Morgen nur darauf wartete, mich zu zermalmen.*
*Ich war dabei, meinen Beruf und vor allem meine Familie auf einen Schlag zu verlieren.*
»Ich gehe.«*, verkünde ich Elsa.*
»Wie du willst. Wir bleiben jedenfalls hier.«*, erwidert sie lakonisch mit gesenktem Blick.*

## Zwischen 21:30 und 22:30 Uhr

*Ich gehe zu Fuß nach Hause; ich eile am Hafen an den regungslosen Schiffen vorbei, dann durch die menschenleere Altstadt. Unterwegs sind nur noch Katzen und Betrunkene, die entweder herumirren oder in einer Ecke zusammengebrochen sind. Vom Bahnhof Principe aus laufe ich dann die steile Salita Oregina hinauf.*
*Ich bin fest davon überzeugt, dass es mit Lina wieder gut laufen würde. Auf halber Strecke bleibe ich stehen, schnappe nach Luft, drehe mich um, schaue zum Hafen hinunter.*
*Mühelos erkenne ich die* **North King** *an ihrem Anlegeplatz.*

*Lina lässt mich auch heute nicht rein. Durch den Türspalt flüstert sie mir zu, wir werden uns am nächsten Tag zusammen mit ihrem Vater und ihrem Bruder treffen.*
*Es hat keinen Sinn, jetzt darauf zu erwidern.*
*Ich kehre besser ins Büro zurück.*

## 23:30 Uhr

*Ich musste ihn noch einmal sehen. Der Wachmann schlief fest, das hieß, ich hatte freie Bahn.*
*An der Zellentür höre ich, wie der Zwerg laut vor sich hin schnarcht. Gregor sitzt auf seiner Pritsche und*

*schaut dermaßen resigniert auf den Boden, als habe er nicht einmal mehr die Kraft, sich das Leben zu nehmen.*

**Aus dem Tagebuch Brenner/Genua**
*He sank into a state of depressed lethargy.*
(Er versank in einen Zustand tiefer Depression.)

*Es hat allerdings keinen Sinn mehr, ihn rauszuholen. Er sagt sowieso nichts aus. Mir ist mittlerweile auch alles schnuppe, ich fühle mich nicht nur machtlos sondern bin vor allem enttäuscht.*
*Ich steige die Treppe zu meinem Büro nochmal rauf, versuche doch, Lina wenigstens anzurufen, doch keiner geht an den Apparat. Das Freizeichen hört sich dabei merkwürdig an, als stehe das Telefon unter Kontrolle.*

**26. Mai. 0:30 Uhr**
*Ich war erschöpft und doch schlaflos. Musste ständig an Gregor denken, der wie ein Wurm in seiner verwahrlosten Zelle dahinvegetierte.*
*Nicht mehr lange, fürchtete ich.*
*Ich mache den Schrank auf, in dem seine Sachen verstaut sind. Mir fällt immer wieder die schwarze Ledertasche mit ihrem rätselhaften Aufkleber ins Auge:* Histopathologische Präparate für einen Medizinstudenten.

Kein kommerzieller Wert. *Ich öffne sie noch einmal. Warum sollte ein vermeintlicher Mechaniker medizinisches Material, Arbeitsnotizen und ein Mikroskop bei sich tragen?*
*Mir fällt erst jetzt ein, dass ich Gregor diese grundsätzliche Frage nie gestellt habe.*
*Eine Metallbox beinhaltet eine Reihe Dias. In Farbe. Exklusives Zeug, für die damalige Zeit, das ausschließlich Konzernen, Geheimdiensten oder Streitkräften zugänglich war.*
*Wer versteckt sich unter dem Namen Helmut Gregor? Ich ziehe ein Dia heraus und richte es gegen das flackernde Licht der Glühbirne. Darauf ein weiteres und noch eines. Kann nur mit Mühe etwas erkennen. Es scheint sich um anatomische Darstellungen zu handeln, mehr könnte ich dazu nicht sagen. Auf anderen Dias erkennt man Kinderpaare, Zwillinge, schwangere Frauen. Die vollgeschriebenen Notizbücher könnten mir sicher weiterhelfen. Doch meine Deutschkenntisse reichen dazu bei Weitem nicht aus.*
*Ich schließe die Tasche wieder.*
*Das Haus steht bis auf den immer noch schlafenden Wachmann leer.*
*Ich hätte Musik hören und in Gedanken zusammen mit*

*Charlie Parker hoch über das menschliche Elend auf dem Festland fliegen können. Doch mein Plattenspieler und meine Platten sind nicht mehr bei mir.*
*So schließe ich einfach die Augen und gebe mich damit zufrieden, die Melodie von* »Bird of Paradise« *im Kopf nachklingen zu lassen.*
*Ich ziehe mich nicht einmal aus, lasse mich in den Sessel zurücksinken und schlafe unmittelbar danach ein.*

## Etwa 7:00 Uhr

*Ich werde vom Geheul der Hafensirenen geweckt. Ich habe mich noch nie so vergammelt gefühlt. Im Badezimmer der Station möchte ich mir wenigstens das Gesicht waschen und mich rasieren, doch fällt mir ein, ich habe gar keinen Rasierer dabei. Schaue mich im Spiegel an, fahre mit der Hand über meine Wange. Mit meinem stoppeligen Bart sehe ich tatsächlich so aus wie der Schauspieler Jean Gabin, oder besser gesagt wie seine Figur Pierre im Film* »Die Mauern von Malapaga«, *der hier in Genua letztes Jahr gedreht wurde und heuer als Favorit für das Festival in Cannes gilt. Ich habe Jean Gabin persönlich bei einem Empfang im amerikanischen Konsulat kennengelernt. Regisseur René Clément, Schauspielerin Isa Miranda, der* »Bösewicht« *Andrea*

*Checchi und sogar Ave Ninchi, die eine kleine Rolle im Film hatte, waren auch dabei.*
*Alle fanden meine Ähnlichkeit mit der Hauptfigur verblüffend.*
*Doch hat sich mein Gesichtsausdruck seit damals total verändert: Ich sehe nun abgestumpft, resigniert aus.*
*Ich setze mich wieder an meinen Schreibtisch.*
*Und warte.*

**8:00 Uhr**

*Traverso platzt mit einer Miene herein, als sei ein naher Verwandter verstorben. Ich zucke zusammen, schaue ihn mit schlaftrunkenen Augen an. Er zögert eine Weile, dann sagt er, beinahe stotternd: »Herr Inspektor, Sie sind vom Dienst suspendiert. Sie werden auf der Stelle in der Verwaltung erwartet.«*

**8:30 Uhr**

*Ein braungebrannter Unbekannter wartet dort auf mich, er hat sein schwarzes Haar mit Brillantine zurückgekämmt. Er zeigt den selbstgefälligen Blick eines langjährigen Machthabers auf. Mit ausgeprägtem römischem Akzent teilt er mir autoritär mit, er sei von der Präfektur beauftragt, über die Festnahme von Herrn*

*Helmut Gregor Klarheit zu schaffen.*
*Ich habe ihm den Sachverhalt so gewissenhaft wie möglich wiedergegeben. Ich erzählte ihm vom Bestechungsversuch. Von meinem Verdacht bezüglich seiner Identität. Von der Impfung. Sagte aber noch nichts über die schwarze Tasche, die wollte ich mir für einen späteren Zeitpunkt aufheben.*
*Er hört mir gar nicht zu und brüllt mich stattdessen an. Was sei in mich gefahren, ich sei doch nur ein Untergebener und meine einzige Aufgabe sei es, Formalitäten zu erledigen.*
*»Lassen Sie Herrn Gregor auf der Stelle frei!«*
*Ich versuche ihm klarzumachen, dass dies aufgrund bürokratischer Prozeduren erst am folgenden Tag möglich sein wird.*
*»Was reden Sie da für einen Unsinn! Sofort heißt sofort!«*
*Ich fürchte, ich bekomme gleich eine Panikattacke. Ich fühle mich ins Trebbia-Tal zurückversetzt. Bekomme denselben Terror nochmal zu spüren, den uns die Banden sadistischer Schwarzhemden damals einjagten.*
*Wahrscheinlich war ich noch nie ein Löwenherz.*
*Wahrscheinlich hatte Elsa Recht: Die Faschisten werden nie aussterben.*

*Der Römer drängt mich, unverzüglich alles persönliche Eigentum von Herrn Gregor zu bringen.*
»Habe alles in meinem Büro aufbewahrt.«, *erwidere ich und gehe dabei zur Tür.*
»Rühren Sie sich nicht von der Stelle!«, *brüllt er mich wieder an.*
*Er gibt den Auftrag an einen Beamten weiter.*
*Kurz darauf erscheint dieser mit Gregors Koffer wieder. Von der schwarzen Tasche wissen sie anscheinend nichts.*
*Die Tür fliegt auf. Carbone stürzt mit Gregor und Kurt herein. Mein Kollege begrüßt mich mit einem sarkastischen Grinsen.*
*Der Typ aus Rom ordnet mir an,* »Herrn« *Gregor seine beschlagnahmten Gegenstände zurückzugeben.*
*Ich überreiche ihm seinen Gürtel, die Brieftasche mit den 45 Dollar, die Uhr und zum Schluss noch den Koffer.*
»Wo ist meine schwarze Tasche?«, *knurrt Gregor mit verzerrtem Gesicht.*
»Die steht ebenfalls in meinem Büro. Ich hole sie.«
»Stehenbleiben!«, *plärrt der Römer wieder.*
»Carbone, gehen Sie!«
»Wo haben Sie sie hingetan?«, *fragt mich Carbone bedrohlich.*

*Sie stand noch auf meinem Schreibtisch.*
*Gregor zieht sich in aller Ruhe an. Er sieht erschöpft aus. Er hätte nicht einmal mehr die Kraft, das Insekt zu zertreten, das nun, unterworfen aber nicht unterwürfig, vor ihm steht.*
*Carbone kehrt mit der Tasche zurück. Er deutet eine respektvolle Verbeugung an und reicht sie Gregor, der sie aufmacht, hektisch in ihr rumwühlt und sich dabei vergewissert, dass alles noch unberührt sei.*
*Er wirft mir einen verächtlichen Blick zu und schließt sie wieder.*
*Kurt schaut auf die Uhr:* »Wann fährt das Schiff?«
»Machen Sie sich darüber keine Sorgen, die North King wird auf Sie warten.«, erwidert der Römer mit einem gezwungenen Lächeln. »Die Hafenpolizei hat außerdem eine Zweite-Klasse-Karte für Herrn Gregor aufgetrieben und möchte sich damit für alle Unannehmlichkeiten entschuldigen, die ihm widerfahren sind.«
*Gregor zeigt keine Reaktion dabei, er scheint nach wie vor abwesend.*
»Mehr konnten wir leider nicht für Sie tun« unterstreicht der Römer mit verspielter Verlegenheit: »Das Schiff verfügt bedauerlicherweise über keine Erste-Klasse-Kabinen.«

*Kurt greift kommentarlos nach der Karte.*
*»Hatte das Schiff nicht einen Maschinenschaden?«, rutscht es mir aus dem Mund.*
*»Sie wagen es noch, Fragen zu stellen?«, kreischt der Faschist aus Rom. »Stattdessen entschuldigen Sie sich bei Herrn Gregor.«*
*Ich zögere eine Weile.*
*»Na los!«*
*Gregor starrt mich ausdruckslos an. Er scheint weder Genugtuung noch Groll zu empfinden. In seinen Augen bin ich doch nur eine minderwertige Kreatur.*
*Ich könnte nicht genau erklären, was unter Würde zu verstehen ist.*
*Doch weiss ich, dass jeder Mensch ein Recht darauf hat.*
*»Je vous démande pardon«, habe ich im Kopf wiederholt.*
*Der Römer drängt mich: »Im Übrigen hörte ich, Sie sind sehr sprachbegabt. Dann bitte, entschuldigen Sie sich doch auf Deutsch!«*
*Es gibt Augenblicke, da kann sogar ein gewöhnlicher Mensch aufstehen und dabei einen einzigen Funken Glanz entzünden. Ich denke mir zwar den richtigen Satz aus: »Herr Gregor, ich möchte mich bei Ihnen entschuldigen.«*
*Gebe aber kein Wort von mir.*

*»Wir werden strengste Maßnahmen ergreifen«, mischt sich Carbone ein. »Doch darüber sprechen wir noch. Jetzt entschuldigen Sie sich bei Herrn Gregor!«*

*Wie im Traum laufen in meinem Kopf Bilder aus einer ordentlichen Welt ab: Die Schiffe, auf denen ich jahrelang auf Reise war; die Sonnenauf- und untergänge auf offener See. Der Tag, als der Krieg zu Ende war und die Wehrmacht-Soldaten in Ketten hinter den Partisanen auf der Via XX Settembre an der Menschenmenge vorbeimarschierten; ein kleines Mädchen auf dem Arm seiner Mutter schenkte mir eine Blume.*

*»Ich kündige«, sage ich zum Schluss.*

*»Sie glauben wohl nicht, Sie kommen ungestraft davon«, beharrt Carbone. »Die Folgen werden dem Ausmaß Ihrer Vergehen entsprechen.«*

*Ich verlasse das Büro, als wäre ich von einer unwiderstehlichen Kraft getrieben.*

*Keine Ahnung, wohin sie mich führen würde.*

Um 10:30 Uhr stand ich unter der **North King**, als ob sie auf mich warten würde.

Der starke Libeccio-Wind wühlte sogar im Hafengebiet das Meer auf.

Der Schlepperpilot rutschte auf einer feuchten Holzstufe

*aus. Mit seinen Händen hielt er sich an den Seilen fest. Seine Beine, seine Füße zappelten über dem schlammigen Wasser. Das Schiff bebte vom Dröhnen der Turbinen. Einige Passagiere auf dem Deck trotzten dem lästigen Regen und verfolgten die wegen des Windes erschwerten Manöver.*

*Um 11 Uhr kam das Taxi, das Gregor zur Gangway eskortierte.*
*Kurt und Gregor verabschiedeten sich.*
*Gregor verschwand hinter der Stahlluke.*

*Hätte ich nur den Mut gehabt, jetzt noch an Bord zu steigen und mich zu erkennen zu geben. Notfalls hätte ich die Kabinentür mit Gewalt aufgebrochen, den Kerl rausgeholt und ihn an diejenigen übergeben, die nach menschlichem Anstand und Gerechtigkeit mit solchen Typen umzugehen wussten.*

## 26. Mai. Nachmittags

*The* North King *finally sailed to Buenos Aires.*
*OS has verified that the* North King *departed later than scheduled, leaving Genoa on May 26, at 2:45 pm.*
(Die *North King* legte schließlich nach Buenos Aires ab. Der OS-Bericht bestätigt, dass die Abfahrt mit einer

Verzögerung erfolgte und das Schiff erst am 26. Mai um 14:45 Uhr den Hafen von Genua verließ.)

*Ein schwarzer, wolkenträchtiger Himmel hat das Schiff bald umhüllt. Vom Hafen aus stieg ich zu Fuß zur Spianata Castelletto hinauf, um die* North King *über Kap Mele hinweg in Richtung Frankreich verschwinden zu sehen. Von dort aus erweiterte ich meinen Blick zum Horizont, der wegen der düsteren Wolken, die so massiv wie Schieferplatten aussahen, auch nur schwer zu erkennen war.*
*Das Meer, so dunkel wie selten zuvor, tobte vom Libeccio-Wind.*

Gregor hat die Tür seiner Kabine verriegelt, seinen Reisepass mit dem Personalausweis und dem Einreisevisum nach Argentinien in der Jackentasche verstaut. Er stellt den Koffer in einen Metallschrank ab, der mit einem Vorhängeschloss versehen ist. Er überprüft den Inhalt seiner Ledertasche, verschließt sie, verstaut sie schließlich unter dem Bett.
Erst als die metallene Stimme aus dem Lautsprecher verkündet, dass das Schiff sich auf internationalen Gewässern befindet, lockert er die Krawatte, nimmt seine Uhr ab und steht auf. Er schaut durch das beschlagene

Bullauge und wartet nur darauf, Europa für immer zu verlassen.

Er zieht sein Tagebuch aus der Innentasche seiner Jacke heraus, legt sich auf seine Pritsche und schreibt.

Diesem schicksalhaften Moment in seinem Leben wird er nur ein paar spärliche Sätze widmen: »Wellen, nichts als Wellen (…) Das ist es also, was man beim Emigrieren empfindet.«

Dann zieht er seine Schuhe aus, löscht das Licht und schläft ein.

## SEPTEMBER 1985

*Als Rentner darf ich endlich behaupten, ich hatte in meinem Leben doch ziemlich viel Glück. Nach meiner kurzen Zeit bei der Hafenpolizei wurde ich, immer noch als Deckoffizier, von der Reederei* Italia *wieder angestellt und reiste seither auf der* Michelangelo *und der* Raffaello, *den beiden Überseeschiffen, mit denen vor etwa zehn Jahren die Ära der Strecke Genua-Neapel-New York ein für alle Mal ihr Ende fand. Hatte also die Möglichkeit, zu meinem geliebten Manhattan zurückzukehren und dort die letzten Jahre des goldenen Zeitalters des Jazz direkt zu erleben.*
*Später habe ich noch ein paar Jahre in den mittlerweile verfallenen Büros der Reederei in Genua verbracht, bis ich mit einer ausgezeichneten monatlichen Rente in den wohlverdienten Ruhestand trat.*
*Ich war jedoch später nicht glücklich damit: Als mir klar wurde, dass mein Leben als »Nomade aller Meere« (so sagte die arme Lina immer zu mir) endgültig zu Ende war, dass ich seitdem zu einem monotonen Alltag gezwungen war, bei dem ich stets im selben Bett aufwachen, auf den selben Straßen unter dem selben Himmel laufen würde, erkrankte ich an dem, was Doktor Pas-*

torino, mein Hausarzt, als Lebensüberdruss diagnostizierte. Die Symptome waren alle vorhanden: Niedriger Blutdruck, Schwindelgefühle, Schlaflosigkeit, Apathie, dazu eher unbedeutende Beschwerden: Lauter Umstände, die mich nach und nach ins Haus zwangen.
Ich gehe selten raus. Höre viel Musik, besitze eine beneidenswerte Schallplattensammlung, lese dafür leider wenig, da ich an Migräne leide. Von Mal zu Mal schreibe ich. Des Öfteren grüble ich nach, bleibe dabei in meine Reuegefühle verstrickt, fühle mich wie eine Geisel der Sehnsucht. Seit Lina nicht mehr da ist, gehe ich nur noch zum Einkaufen auf die Straße, dazu mindestens einmal in der Woche, meistens donnerstags, zu Doktor Pastorino, um Trost zu suchen und um mir Schlafmittel verschreiben zu lassen.
Gestern war ich auch dort und setzte mich neben die anderen, vorwiegend alten Menschen, in das überfüllte Wartezimmer. Nach einer guten halben Stunde fielen meine Augen auf eine Zeitschrift auf dem kleinen Tisch neben mir: Eine alte Ausgabe von »Oggi« vom 17. Juli 1985.
Auf der Titelseite, neben der Nahaufnahme von Eleonora Brigliadori - »Ich bin das Mädchen eurer heißen Samstage« -, fiel mir ein Kasten auf:
»IN GENUA WURDE MENGELE VERHAFTET UND FREIGELASSEN.«

*Ein achtseitiger Bericht und eine Reihe bis dahin unveröffentlichter Fotos enthüllten, dass der Todesengel von Auschwitz auf seiner Flucht nach Südamerika in Genua inhaftiert worden war. Mit pochendem Herzen, beinahe atemlos gab ich mir Mühe, mich auf den Inhalt zu konzentrieren. Ich schaffte es dann doch noch, den Artikel zu Ende zu lesen. Einige Stellen las ich mehrmals, meiner Migräne und dem Gefühl zum Trotz, ich könnte dabei einen Herzschlag erleiden.*

*Es war alles unmissverständlich klar dargestellt: Die Beschreibung seiner Festnahme durch einen anonymen italienischen Polizeibeamten, seine Inhaftierung in einer Zelle mit einem Zwerg und einem Morphinisten, daraufhin seine Freilassung auf Druck einflussreicher Persönlichkeiten; all das wurde ja von Mengele selbst bestätigt, der alle Ereignisse in seinem vor nicht allzu langer Zeit aufgetauchten Tagebuch festgehalten hatte.*

*Die Stimme der Sprechstundenhilfe riss mich aus meinem konfusen Zustand. »Der Nächste bitte!«*

*Ich war dran.*

*Ich stand auf, verließ das Wartezimmer und machte mich mit klopfendem Herzen auf den Weg nach Hause.*

*Ich fühlte mich dazu berechtigt, die Zeitschrift einzustecken.*

*»Der Nächste bitte!«*

# Inhaltsverzeichnis

| | |
|---|---|
| DIE ÜBERGABE | 11 |
| DIE GENUESER TAGE DES HELMUT GREGOR | 21 |
| AUS ENNIOS TAGEBUCH | 49 |
| SEPTEMBER 1985 | 123 |